The Perfect Golf Swing

会心のショットが百発百中になる

完全なゴルフスイング

体育学博士
PGA A級ティーチングプロ
安藤秀

現代書林

はじめに

本書は、「ミスショットをゼロにするためにはどうすればよいか？」という課題を解決するためにスタートしました。しかも、「スイングを小さくしてスイートスポットにボールを当てるだけ」というような消極的な振り方でミスショットをゼロにするのではなく、「しっかりスイングしてミスショットの確率を下げる」ことを目指したのです。

しかし「どうすればナイスショットの確率が高まるのか？」という部分を明確するための基本的な考え方で悩みました。

そこで、「めったに出ないナイスショットは、再現性の低いスイングから放たれたまぐれショットである」と考え「再現性の高いスイングを習得すればナイスショットの確率は上がる」という結論を出したのです。

その上で**「再現性の高いスイング」と「再現性の低いスイング」の違いを考えることになるのですが、この答えは私が筑波大学で学んだスポーツ運動学から見つけ出すことができたのです。**

スポーツ運動学では、再現性の高い動きを作るためには、運動から安定しない粗い動きを削除すればよいとしています。ならば**動きの順序を明らかにした後で、各部に力のバランスを働かせて、動きを安定させることがもっとも効率よくスイングの改善や再構築ができる**と考えたのです。

私が教える生徒さんの中には、自分はプロのように振ったり飛ばしたりできないけれど、○○プロはこうなっている、世界のトッププロはこう振っているというように、プロのスイングの特徴的な部分だけをクローズアップして観察する人もいます。

そんなときはこう教えています。「あなたが気にしているプロの特徴がそのプレーヤーの個性であって万人に対する共通項ではないとすればどうでしょう？　なおさらプロたちと同じスイングするのは難しくないですか」と。

確かに、何のイメージもないまま闇雲にクラブを振るスイングでもナイスショットを打つことができます。

しかし、明確な振り方が示されなければ「なんとなくクラブはこう動く感じがのぞましい」とか、「こういう感覚でクラブを振るべき」という非常にあいまいなガイドラインしかないため、目指すべきスイングが定まりません。

ゴルフコースに出ればショットを打つときの状況が常に変化していきます。平坦な場所からショットできるときもあれば、斜面から打たねばならないときもあります。また気軽に打てる場面と緊張する場面も交互にやってきます。

こうした変化する状況に対応するためにも、本書が明らかにするゴルフスイングの運動感覚を、インドアなどの自分の動きに集中しやすいゴルフレンジで覚えてください。

そしてゴルフコースや屋外の練習場のような場所で試してみると良いでしょう。漠然とボールを打ち続ける練習では習得できないスイングや球筋が必ず手に入るはずです。

２０１５年５月

安藤秀

目次

第2章 ミスショットを引き起こす5つの原因

第3章 「力のバランス」アドレス編

第4章 再現性を高めるスイング動作とは

第5章 「力のバランス」バックスイング編

第6章 「力のバランス」ダウンスイング編

第7章　「力のバランス」フォロースルー・フィニッシュ編

第1章

なぜ練習熱心なゴルファーほど、ゴルフが上達しないのか？

ゴルフを始めたすべてのゴルファーがはまる落とし穴

「納得のいく一発がなかなか出なくて……」

「練習はけっこうしているのに、かえってナイスショットの回数が減ったような……」

「ミスショットが怖くて伸び伸びとクラブを振れない……」

これらは多くのアマチュアゴルファーが少なからず抱える代表的な悩みです。

そう言われれば自分もそうだ！　と思ったあなたにお聞きします。

「いま、ゴルフを楽しんでいますか？」

ゴルフを始めた人は、多少慣れてくると、少しでも良いスコアで回りたくなります。

そして「いいショットを打ちたい」「ミスショットは打ちたくない」と考えるのです。

もちろんそれはゴルファーであれば当たり前のことなので悪いことではありません。が、その先の考え方に問題があります。


多くの人はちょっとでも悩んでしまうと「頭は動かさず！」「ボールを良く見て！」「コンパクトに打つ！」などといったスイングを邪魔する余計な情報やアドバイスに飛びついてしまうのです。

ゴルフを始めたばかりのころを思い出してください。知識も経験も少なかった初心者のころは、スイングがどうのこうのとか、体の動きがああでこうでなどと考える余裕もなく、とにかくブンブンとクラブを振り回していたと思います。

そして、偶然に打てた会心の一打が気持ちよく、うれしかったのではないでしょうか。自分の体や感覚が覚えている初心者のころに打てたあの一打。その気持ちよさや満足感、爽快感を追い求めてゴルフを続けてきたはずなのです。

ところが、**いくら練習してもなかなかスコアが縮まらないと感じているアマチュアゴルファーは「スコアを気にするようになると、伸び伸びとスイングできなくなる」という状態に陥ってしまいます。**

そして色々と考えた結果、伸び伸びとクラブが振れ、会心のショットが毎回打てるようになれば、ゴルフが上達するに違いないと思い、熱心に練習場へ通うのです。

しかし、いざコースに出てみるとスコアが気になり、いつのまにか気持ちよくクラブを振り、ナイスショットを打つという目標は消え、「無理せず確実にボールを前に」と言う消極的で縮こまったスイングでラウンドを終えるのです。

「ミスショットを避けるために小さく振る」はなぜダメなのか？

ゴルフはラウンドの結果がスコアという数字になって現れます。初めてラウンドして150だったのが、しばらくすると130、120と減っていくと、人はだれしもうれしいものです。それは上達していくことが数字で確認できるからでしょう。

そして、少しずつゴルフに慣れてくると多くのゴルファーは、ミスショットの連続がスコアを大きく崩していることに気がつきます。すると、ほとんどの人がミスショットを減らそうと大振りを避け、小さくスイングをまとめようとします。つまりマン振りで大怪我するくらいなら、小さく振って確実に前に進むという作戦です。

しかし、**ゴルファーは「小さく振る、スイングをコンパクトにする」ということに心の底から納得せず、思い切り振れないスイングにストレスを感じます。これは力いっぱい振ったクラブがボールの芯をとらえたときの爽快感がゴルフの魅力のひとつだからです。**

さらにナイスショットの爽快感に加え、多くの人がスコアにこだわるのもゴルフの面白さです。そして「いいスコアで回る」と「ナイスショットを打つ」と言う二つの欲望を満たすため、何冊ものゴルフ雑誌を読んだり、レッスンに通ったりと、日々努力を続けるのです。もちろんこうした努力も悪いことではありません。

問題なのは、本人が気づかないうちに、スコアアップのための正しい方法だけでなく、余計な知識や間違った知識を覚えてしまうことにあります。

そうして色々な情報をむやみに吸収した結果、どうやってスイングしてよいかわからなくなることは珍しくありません。こうなると、自分が思い描く素晴らしいスイング、納得のいくスコアをモノにしようとすればするほど悩みも増え、ゴルフを始めたころの楽しさから遠ざかっていくのです。

はっきりと断言します。わずか2秒足らずで完結するゴルフスイング動作の中で、あれこれ考えていては上手く打つことなどできません。

さらに、いちいちチェックポイントを意識しながらクラブを振ったところで、ミスショットは減りませんし、ゴルフがまったく楽しくないでしょう。

もちろん、スイングを小さくすることも、ミスショットを減らす解決策ではありません。

では、悩めるゴルファーが納得できるミスショット撲滅方法とはなにか?

ズバリ「しっかり振っても会心のショットの確率が高まるスイングの習得」に他なりません。

ミスショットを減らすにはナイスショットの確率を高めるのが一番の近道です。当たり前のことだと思うかも知れませんが、この当たり前のことに気がついていない人は非常に多いのです。

その証拠に世界で活躍するトッププロでさえ100パーセントの確率でナイスショットが打てるわけではなく、ミスショットを何回も打ちます。

しかしミスショット連発で悩むアマチュアと決定的に違うのは、プロはナイスショットの回数とミスショットの回数を比較したとき、圧倒的にミスショットの確率が低いことです。

ミスショットを怖がりすぎて、思い切り振り抜けないというストレスを感じながら、スイングをコンパクトにする。こんな何の解決にもならないことはもうやめましょう。

「頭は動かさず」「肩は９０度回転させて」「重心は右足」「なるべくコンパクトなトップで」「肩の力を抜いて」……。これがすべてできた時には目の覚めるようなナイスショットが生まれる！　でもこんなにたくさんのチェックポイントをいっぺんに実行することは難しいから、とりあえず小さなスイングで確実に当てにいこう。これでは一生かかってもゴルフは上手くなりません。

要注意！　こんなゴルフ上達法に騙されていませんか？

「ゴルフが上手くなりたい」と練習している人はたくさんいます。そして私は少しでも多くの向上心溢れるアマチュアゴルファーの役に立ちたいと考えています。そこで本書では本当の意味でのナイスショットの確率を上げるスイングをお教えするのですが、その前にひとつだけ伝えておきたいことがあります。

それは世の中に溢れるゴルフ上達のためのアドバイスやコツの中には、意味のないもの、間違ったものがかなり多く含まれているという事実です。

私はレッスンプロとして、延べ3000人のアマチュアゴルファーを指導してきましたが、間違った練習方法や意味もないコツの習得に真面目に取り組んでいる人があまりにも多いと常々感じていました。

日本のアマチュアゴルファーは世界でも類を見ないほどの練習熱心さを持ち合わせています。毎日、お金と時間を使い、コツコツと練習している人もたくさん知っています。

しかし、練習熱心なのにスコアが伸びない、ナイスショットがあまり打てないという人の多くは、練習方法やチェックポイントがゴルフの上達とはまったく無関係であるということがほとんどです。

今は雑誌やテレビ、インターネットなどでゴルフ関連の情報を手に入れるのは難しくありません。その分、**手に入る膨大な情報から必要な情報を正しく選ぶという判断力が非常に重要となっています。この判断を誤ると「当たり前」「基本」だと思い込んでいることが、じつは根本的に間違っていたということにもなりかねません。**

例えばこんなこともゴルフスイングにおいては「間違った当たり前」として今も多くの人が勘違いをしています。

「インパクト後も頭を残す」「ダウンスイングでクラブを傾ける」「インパクトはハンドファーストの形を作る」「インパクトで右足を蹴る」

いずれも雑誌などでよく見かけるゴルフの基本というところでしょうか。

しかし、こうしたコツや基本のすべてが、ゴルフの上達を望む人たちにとって本当に正しいことではありません。そこでこれらの間違った基本を言葉通り受け取って練習した場合、どうなるのかを検証してみましょう。

大間違い ①「インパクト後も頭を残す」

プロゴルファーはボールを打ったあとも、頭が残っています。しかしアマチュアゴルファーのインパクトは顔が目標方向とは言わないまでも、ボールのやや左を向いていることが多いのです。

ここで重要なことは、インパクトの後も頭を残すという形が重要なのではなく、プロゴルファーの頭がなぜ残るのかという理由を理解した上で、そのような形になるためのスイングを作ることです。

しかし、インパクトの後に頭が残る理由もわからずに、とにかくボールを打った後も頭を動かさないことに専念して練習を続けたとします。

その結果で完成する、形だけコピーした頭が残るスイングは、**体の回転速度を犠牲にしてできたものであり、体の回転速度を遅くするため必然的に飛距離が落ちてしまいます。**

これでは「なんとなくプロっぽいスイングだけど、まったく飛ばない」というイマイチな結果になってしまうのです。

これは、「カット軌道のダウンスイングでトップショットやプルボールを打つ人は比較的早く顔が目標方向を向いてしまう」という傾向を踏まえて、インパクトの顔の向きを真似すればスイングが良くなるはずという考えがベースになっています。しかし、形だけをコピーしても結果がついてこなければ本末転倒でしょう。

大間違い②

「ダウンスイングでクラブを傾ける」

言葉どおりにダウンスイングでクラブを傾ける練習を続けたらどうでしょう？

たしかに飛球線後方から見たプロゴルファーのダウンスイング映像では、クラブシャフトが傾いて写っています。これに対して、カット軌道のダウンスイングを行うアマチュアゴルファーのクラブシャフトは立っているのです。

そこで意図的に右ヒジを絞り、左脇を開けるように振れば、ダウンスイングでクラブシャフトは簡単に傾くようになります。

ところが、右ヒジを絞り、左脇を開けることで完成するクラブの傾きは　インサイドからクラブヘッドを下ろすことができるかわりに、**インパクトでフェースが開き、プッシュアウトやプッシュスライスが出るようになります。**さらに、クラブシャフトがどんどん倒れるとダフリショットが出て、最後にはシャンクにまで発展します。

プロゴルファーのダウンスイングの一瞬を真似して、クラブシャフトを背中側に倒せばカット軌道が修正できるという考えから「ダウンスイングでクラブを傾ける」という矯正が行われます。これもまた、頭を残すインパクトと同様に「素晴らしいボールを打つプロゴルファーの真似をすれば、アナタも素晴らしいボールが打てます」という非常に乱暴な矯正方法です。

大間違い

③「インパクトはハンドファーストの形を作る」

プロゴルファーのインパクト正面映像では、手元がボールの位置より先行して写っています。雑誌でもよく見かけるかっこいいインパクトの瞬間です。

これに対して、インパクトの瞬間に手元がボールの後ろにあるのは、総じて「ダフってボールが飛ばない」「ドライバーの球筋が高すぎる」というダメなお手本として扱われます。

では、手っ取り早くハンドファーストの形を作る方法をお教えしましょう。

インパクト時に意識して左ヒジの絞りを甘くし右腕を伸ばします。同時にグリップの位置を左脚より左側に押し出して、手元を先行させるだけです。すると、「形だけ」のハンドファーストのインパクトが簡単に完成します。

この方法で手元が先行したインパクトの形だけを作った場合ですが、**インパクトでフェースが開けばプッシュアウト、急激にフェースを閉じれば強烈なダッグフックが出てしまうためスコアアップにはつながりません。**

プロゴルファーのように、インパクトの瞬間に手元をボールの位置より先行させることができれば、「ダウンブローのスイング軌道が勝手にできあがる」「ダフリやテンプラが矯正できる」という考えから、インパクトはハンドファーストの形を作りなさいということになるのです。

大間違い④「インパクトで右足を蹴る」

プロゴルファーのダウンスイングからフォロースルーを撮影した映像では、スイング中の右足は、ダウンスイングの過程で地面を蹴るように右カカトが上がり始め、フィニッシュでは完全にツマ先立ちになります。

これに対してダフったりプルボールを打っているアマチュアの場合、フィニッシュでも右カカトはほとんど上がらず、時には地面から離れないこともあるのです。

これを形だけでも直すのであれば、ダウンスイングからフォロースルーにかけて右足で地面を蹴りながら、右ヒザを目標方向に押し込むように動いてみてください。必ず、右のツマ先が立つフィニッシュになります。

ただし、この方法を使ってフィニッシ時に右足をツマ先立ちにしても、それは実際の下半身の使い方と無関係の動きを取り入れてフィニッシュ姿勢で帳尻合わせをしているだけです。これでは**飛距離の土台といえる左太ももの使い方が習得できません。そして結果的に飛距離が落ちてしまいます。**

「右足を蹴るように」と言われれば、ほとんどの人が右カカトが上がるような動きをするでしょう。そのついでにフィニッシュ時に右足がツマ先立ちになる形も習得できるため、ダフリやプルボールも直せる、という理屈の矯正方法です。
しかしゴルフは形ができたからといって結果がついてくるわけではないことは皆さんもおわかりでしょう。

なぜ間違った練習方法や、意味のないコツが広まったのか？

いかがですか？　このような雑誌などで見かけるフレーズを信じて必死に練習したのになかなか成果が出ないと悩んでいる方もいることでしょう。しかし、私からすればそれは**成果が出なくて当たり前なのです。なぜなら、先ほど例に挙げた4つの例はすべて「スイングの連続写真から導き出された一瞬の形をコピーする」と言う考えがベースとなっているからです。**

皆さんもよくご存知のスイングの連続写真。この連続写真の分析から生まれたのが、先ほど例に取り上げた4つの例。すなわち、連続写真の中の1コマを抜き出し、その形を習得するためのコツや矯正方法なのです。

ゴルフスイングは動きの流れの中で行われるため、スイング中のクラブに働く遠心力やクラブヘッドの慣性など、プレーヤーの意思とは無関係の力の影響を受ける部分が多くあります。

このプレーヤーの意思とは関係なく働く力と、プレーヤーが意識してクラブを動かそうとしている力が合わさってできるのがスイング連続写真の1コマだと言うことを理解すれば、写真に写る一瞬の形だけを真似しようと練習しても、スイングの完成形には近づかないことをお分かりいただけるでしょう。

ですから、目標とする形を写し出した一瞬の1コマは、その1コマだけを切り取ってもあまり意味がなく、目標とする形の1コマが前後のコマとどういう関係にあり、どの順序で動きが進み、どんな力が働いてその1コマの形が作られているのかを考えて実践することが大切なのです。

「形を真似すれば上手く打てる」という考え方に対して、**指導する立場としては瞬間的なフォームの違いを指摘するのは一番簡単です。そして便利なことに練習する人からすれば、フォームが違うと言う、目に見えるポイントがあるため、簡単に修正できる気がするのです。ただし、どれほどの効果があるかは大いに疑問です。**

それにもかかわらず「スイングの連続写真から導き出された指導法」がこれほどまで広がったのは、ゴルフ雑誌やテレビでプロゴルファーのスイングの素晴らしい点を解説する際に説明しやすかったことや、プロゴルファーのスイングと同じ動き（形）を習得すれば、同じように素晴らしいショットを連続で打てると考えるアマチュアゴルファーが多いのが原因でしょう。

しかし先ほど説明したように、**「動きの流れと力の使い方が見えない連続写真からは、運動の習得はできない」というのは、私が在籍した筑波大学大学院の体育研究科では常識**でした。現在、多くのメディアがプロゴルファーのスイング連続写真を使い、スイング解説や練習方法を提示している中、少しばかりショッキングな内容かもしれませんが、ここはしっかりと理解していただきたい部分です。

今回は、連続写真からでは運動の習得ができない理由については割愛いたしますが、スイングの連続写真から導き出された指導法が多くのゴルファーの貴重な練習時間を無駄にしたことはたしかです。

これから私が読者の皆さんにお伝えしようとしているのは、本当の意味でのナイスショットの確率を上げるスイングです。

そして、それは従来の形から入るゴルフ上達法と一線を画していることを約束いたします。

プロゴルファーのスイングを撮影した連続写真は、誰が見てもその形がわかりやすく、単純に一瞬の動きを真似すればスイングもプロゴルファーのものに近づくように思えます。しかし、写真からは読み取れない要素が多く含まれているゴルフスイングは、一瞬の形をコピーしただけでは身につきません。この落とし穴に落ちないことがもっとも重要かつ上達への近道です。

ナイスショットをしようと思えば思うほど、打てなくなる理由

ほとんどのゴルファーが誤解していること。それはある時に打てたナイスショットを、次も同じように打とうとすることです。つまり、ナイスショットが出た状況やコツを思いだし、再現しようと必死になるのです。

練習場であれば何十球も打ち続けるうちに、なんとなく当たるようになるかもしれません。しかし、いざコースに出てみると練習場では手ごたえのあったコツも、まったく役に立たずミスショットの連発。あなたもそんな経験があることでしょう。

さらにいけないのは、「昨日、練習場で腕をこうしたらうまくいった」「先週のコースでは、アドレスを変えたらいいショットがでた」と、ナイスショットが打てた別々の状況をあれこれと組み合わせることです。

先ほどもお話しましたが「わずか2秒足らずで完結するゴルフスイング動作の中で、あれこれ考えていては上手く打つことなどできない」のです。当然、ナイスショットにはなりませんので、ますますスイングの迷いが深まるだけなのです。

いろいろな練習方法を試すと、その練習ごとにナイスショットのコツが習得できるような気がします。そのためたくさんのナイスショットのコツが手に入ったように思え、ショットごとにコツを組み合わせたり、意識するポイントを変えたりするという練習になりがちです。しかし、これではゴルフが上達することはありません。

スイングの迷路で迷子になっていませんか？

なぜナイスショットを追い求めると、ますますスイングがわからなくなるのでしょうか。それは、**必死で繰り返そうとしているスイングそのものが、どんなにがんばっても繰り返えせないほど複雑で、再現性の低いスイングであるということが最大の理由です。**

と言うことは、ミスショットが出たときは、ナイスショットを打った時とは異なるスイングをしているのも理解いただけるでしょう。

しかし、ナイスショットが打てるスイング自体が、繰り返し行うのことが非常に難しいスイングであったとしたらナイスショットがたまにしか打てないは当然です。

この考え方の間違いは往々にしてスイングの迷路に入り込むきっかけになります。そして、いったんスイングの迷路に入り込むと、次々と負のスパイラルを生み出すのです。

これがスイングの迷路に入り込む恐怖の悪循環システム!

偶然、ナイスショットがでる!
あのナイスショットを打ったときのスイングはこうだったと思い出す
しかし、偶然、打てたナイスショットのスイングは、再現性の低いスイングだった
再現性の低いスイングを繰り返そうとするので、本来正しく動いていた部分まで崩れる
スイングが崩れることで、もっとナイスショットが出なくなる
そんなはずはないと試行錯誤し、ワンポイント修正的な練習をして、目も当てられない状態に悪化

アマチュアゴルファーにとって本当に必要なスイングとは

アマチュアゴルファーは「ナイスショット＝いいスイング」と考えます。しかし、この考え方はまったく逆と言っていいでしょう。ナイスショットを数多く打つプロゴルファーやシングルプレーヤーは、再現性の高いスイングを土台として練習するからこそ、必然的にナイスショットの確率が高くなるのです。

逆にナイスショットが出ないアマチュアは、土台がないのにナイスショットを求めてしまうのです。これはブレーキを思いっきり踏みながら「このクルマはスピードが出ない！」とイライラしているのと同じです。この勘違いこそが、アマチュアゴルファーの上達を阻止している最大の理由なのです。

ゴルフの上達に必要なのは練習時間でもセンスでもありません。いかに再現性の高いスイングを身につけられるかどうかです。

そこで、これから再現性の高いスイングはどうすれば作ることができるのかを説明していきましょう。

シンプルで再現性の高いスイングでナイスショットを打てるようになれば、複雑な動きが発生させるミスショットは確実に軽減できる。シンプルだからこそ再現性が高くなり、動きが複雑になればなるほど再現性が低くなるのは当然の結果。

第2章

ミスショットを引き起こす5つの原因

ゴルフスイングに必要のない動きを知る

「スポーツ運動学」というジャンルをご存知でしょうか。本書の基礎となっているのがこの学問です。

スポーツ運動学は、スポーツ種目の動きに関する学問であり、スポーツ運動の正しい目標像や、上達の過程、指導方法などが研究されています。

もちろん**私が筑波大学で研究したゴルフスイングの指導法もスポーツ運動学の研究に基づいたものであり、安定しない運動を「粗形態（動きが粗く雑なレベル）」と呼び、その特徴を5つの項目に分けています。**そして、これらの悪い特徴を削除することで、安定した運動である「精協調形態（動きが流れるように無駄なく行われる）」が得られるとしています。

こうした考え方はゴルフスイングにも当てはまり、高い再現性を持つ安定したスイングを身につけるためは粗形態を削除する必要があります。

では、ゴルフスイングから削除すべき5つの粗形態について説明していきましょう。

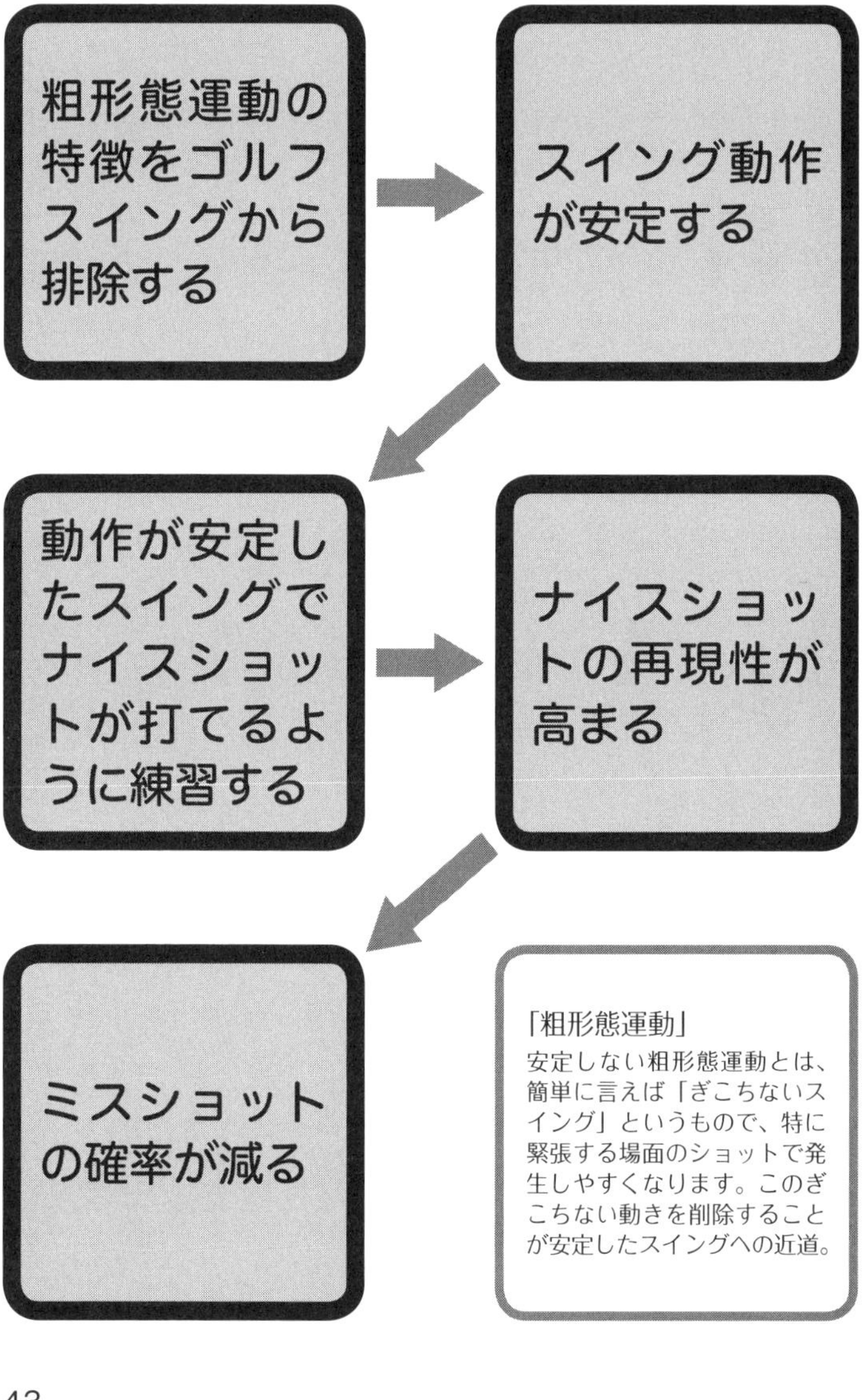
粗形態運動の特徴をゴルフスイングから排除する
スイング動作が安定する
動作が安定したスイングでナイスショットが打てるように練習する
ナイスショットの再現性が高まる
ミスショットの確率が減る
「粗形態運動」
安定しない粗形態運動とは、簡単に言えば「ぎこちないスイング」というもので、特に緊張する場面のショットで発生しやすくなります。このぎこちない動きを削除することが安定したスイングへの近道。

①必要以上に筋緊張が強い運動（緊張過剰）

一連の動作の中で筋肉が過緊張状態になる。俗に言う「動きが硬い」「力みすぎ」がこれに当たる。毎回、同じ緊張の度合いで運動を行うことが難しいためスイングが安定しない。

肩周りの筋肉の緊張が高くなると……。

目の前に広がる池や谷。経験の少ないアマチュアゴルファーほど「ある程度飛ばさないと池が越えられない」と緊張しながらアドレスに入るものです。しかし、このプレッシャーが肩周りの筋肉を過度に緊張させ「力みすぎ」が発生します。これによってダウンスイング時の腕の引き下ろしがスムーズにできずに、トップやダフリとなりボールは池へ。

しかし、この肩周りの筋肉の過度の緊張は、シチュエーションによっても変化します。このタイプのプレーヤーは普段のショットや練習場では筋肉の緊張がそれほど強くないためナイスショットが続けて打てるのです。そのため、突発的に出るミスショットの原因を把握できず、脱力さえすればナイスショットが打てると言う勘違いをしてしまうのです。

ゴルフスイングにおいては首から両肩の筋肉が緊張する局面があってはなりません。しかし状況によっては、肩から背中にかけての筋肉が過度に緊張してしまうのです。そう、ラウンド中にたびたび遭遇する「上手く打てれば！」というシーン。しかし、そのほとんどの場合は力みすぎて失敗に終わり、打ち終わった後に「もっと楽に振ればよかった」という、間違った後悔が繰り返されます。

②必要のない空間を使う運動（空間過剰）

運動中に体が必要以上に暴れたり、まとまりがないといったイメージ。一連の運動で使われる空間が毎回違うため動きが安定しない。

スイング中に大きく上下に揺れて使う必要のない空間を使ってしまうと……。グリーンまで残り50ヤード、乗せればパーオン！　うまくいけばバーディー。しかし、こんな場面に限ってダフリにザックリ、トップにチョロ。「なんでこんな簡単なショットが上手く打てないんだ……」よくある話ですね。

逆にショットに対しての思い入れが強くない状況ほど、ダウンスイング中の体の沈みが小さくなります。その証拠に練習場でのショットやレイアップするセカンドショットではナイスショットも簡単に打てる人が多いはずです。

そのため、このタイプのプレーヤーはラウンドでミスショットが出ると、技術ではなくメンタル面の強化が重要と考えてしまうのです。

この特徴を持つスイングの例は、ダウンスイングで体が大きく下方向に動きます。そして、実際にコースで、グリーンを目の前にしてザックリ、チャックリが発生しようものなら「練習場ならこんなショットをミスするほうが難しい！　なんてオレはメンタルが弱いんだ…」と技術よりも精神的な弱さに原因があると思い込むのです。でも、実は原因がそこではないことに気づくことが大切です。

③必要以上に動きが速い運動（速度過剰）

動作が必要以上に速い、慌ただしい、雑になる、といったイメージ。そのため動きが毎回同じにならない。

必要以上に慌ただしいバックスイングを、腕だけで行うと……。

左右がＯＢゾーンの激狭ホールのティーショット。誰でも緊張する場面です。そして、その緊張から、ひと思いにスイングを終わらせてしまいたいとの欲求が発生します。そのため、スイング全体の動きが通常より速くなり、ダウンスイングで腕と体のコンビネーションはバラバラ。見事にボールは右にプッシュアウトでＯＢゾーンへ。

ただし、このような慌ただしいバックスイングは普段のショットでは発生しにくく、やや遅めに振ったスイングでならナイスショットが出ます。

これは左右の広々としたホールだと目の覚めるようなショットが打てることを自分でわかっているため、ＯＢなどの不安要素を意識する前に、さっさとクラブを振ってしまおうという思いが慌しいスイングとして現れるのです。

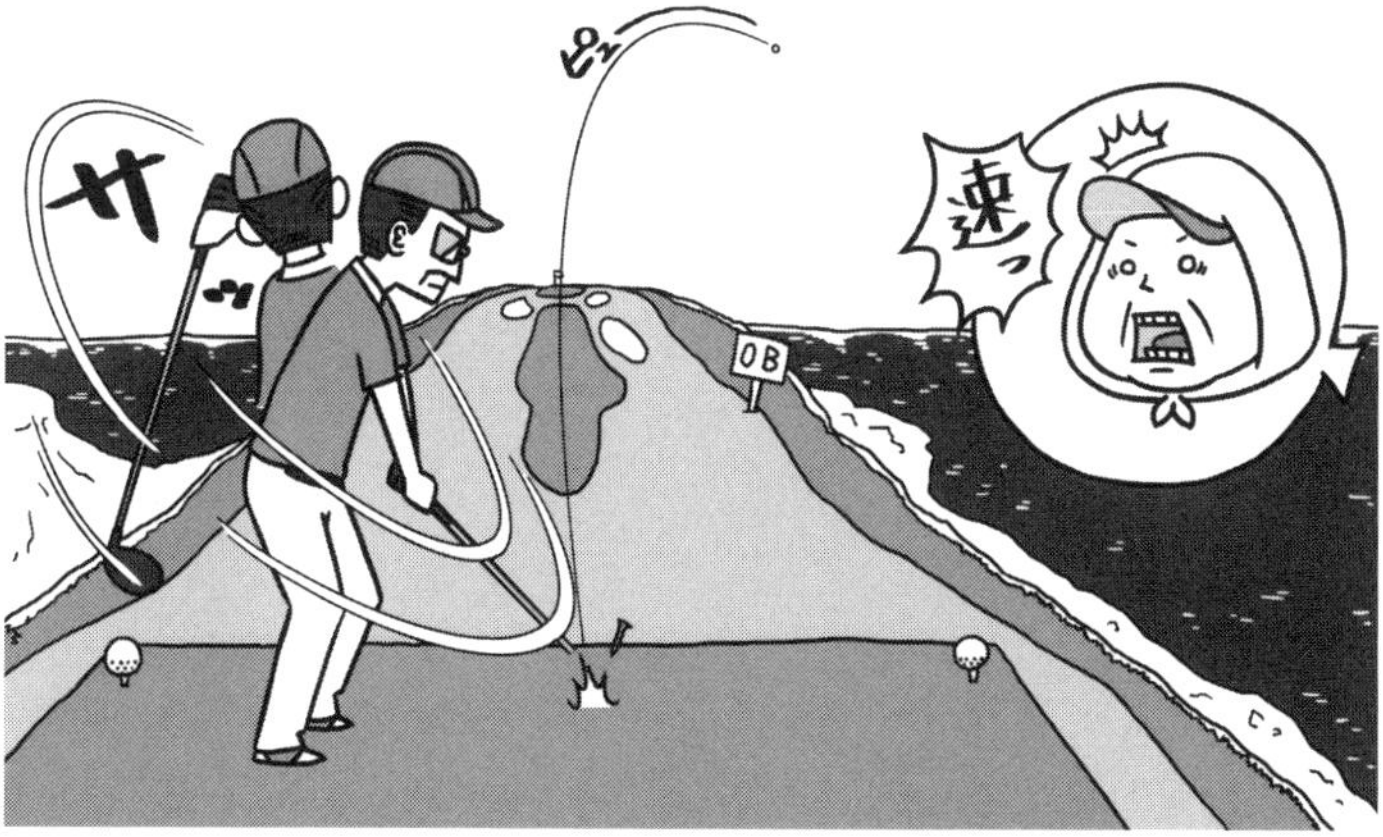

速すぎるテークバックはトップオブスイングで体と腕の一体感がなくなります。プレッシャーのない練習場では、自分のリズムで何回も打つことができますが、これがティーグランドではそうはいきません。ミスしたらOB、OBだとスコアが悪くなると色々とネガティブなことが浮かんでくるものです。そこで「嫌なことはさっさと終わらせるぞ」という思考から生まれるのが速すぎるスイングです。

④必要以上に力を出しすぎる運動（出力過剰）

動きや流れを無視し、不必要な力が入ることで、運動全体のバランスが崩れて安定しない。

ダウンスイングでスイングバランスを無視した力が入ると……。

少し距離は残ったが上手く打てればパーオンの可能性は十分！　こんなときに手にするのはたいてい長めの難しいクラブ。

そして、「上手く打って乗せたい」という強い思いと共に、右腕にいつも以上に力が入るのです。その結果、上体が見事に突っ込み、クラブが地面に刺さるためボールはまったく飛びません。

これがショートアイアンだと、上体が前に突っ込む度合いが小さくなるため、インパクトエリアで左ヒジを曲げるという調整で、ナイスショットが打てます。そのため、通常のスイングは良いのに長いクラブを持った時だけおかしくなると思い込み、「ロングアイアンを打ちこなすコツ」のようなスイング修正に飛びついてしまうのです。

ボールを遠くに飛ばそうとロングアイアンで全力を振り絞ったダウンスイングを行うと、体が前に出てしまうためにシャンクやターフが深く取れてしまうことが多々起こります。ショートアイアンだと、上体の突っ込みが減るため比較的上手く打てる確率が高いことから「ロングアイアンだけ苦手」という悲しい勘違いが起こるのです。しかしロングアイアンが打てない人はショートアイアンも正しくは打てていないのです。

⑤不必要な動きが含まれている運動（随伴動作）

クセのある動き、個性的な動きのこと。クセによる動作が、状況によっては本来の動きを邪魔してしまうため動きが安定しない。

トップオブスイングで、大きく右脇が開いてしまうスイングだと……。

広くてまっすぐなホールでは少しでも飛ばしたいという思いから、クラブを大きく振りたいがために、右脇がガバっと開いたトップオブスイングになりがちです。

こうなるとダウンスイング時の右ヒジを絞り込むタイミングが難しくなるため、右ヒジの絞り込みが遅いとプルボール、絞りすぎると右肩まで下がりプッシュアウトとなり、「打ってみないと、どっちにボールが飛んでいくかわからん！」という状態になるのです。

しかし、プレッシャーのない練習場だと、右脇の開きが少なくなるため、いとも簡単にダウンスイングで右ヒジを絞ることができ、ナイスショットが打てます。これではスイングの何を直していいのか分からず、結局は上達しないのです。

右脇が大きく開いたトップオブスイングは　不必要な動きを持つスイングの代表例。こんなクセが自分ではわかっているから練習場ではしっかりと右脇を閉めたスイングを繰り返せます。ところがコースに出るといつの間にか右脇がパカっと開く。それでもたまにはナイスショットが打てるため「そのうち治る」「閉められるときは閉まる」という、なんとも都合の良い解釈でスイングの改善は後回しになるのです。

コースでは緊張するからミスをする！ は間違い

ここまでに挙げた5つの例が安定しない動きである「粗形態運動」の特徴です。どれも、普通にゴルフをしていれば誰もが目にする、珍しくないスイングの特徴だったはずです。そして、多くの人が例に挙げたシチュエーションで味わった嫌な経験を思い出したのではないでしょうか。

それなら「緊張感のない練習場で打つのと同じように打てれば、あっというまに上級者になれる」と考えませんでしたか？

しかし、これも大きな間違いです。なぜなら、どんなプロゴルファーであっても、緊張感や思い入れがないゲームなどないからです。

重要なのは状況によって発生する緊張感に耐えうる安定したスイングを身につけているかどうかなのです。そのためには、ここまで解説してきた5つの粗形態運動の特徴をゴルフスイングから削除する必要があるのです。

本当に安定したスイングは緊張感がまったくない状況で生まれるのではありません。適度な緊張感があるからこそ、より高いパフォーマンスを発揮できるのです。しかし不安定なスイングは少しの緊張感にも負けてしまうのです。緊張感をゼロにするのではなく、適度な緊張感を味方につけられるスイングを目指してください。

安定したゴルフスイングに必要なのは「力のバランス」

ここまでスイングに影響を及ぼす5つの安定しない動きを具体例と共に説明してきました。そして、スイングから安定しない動きを削除するために、もっとも重要なポイントが3章以降で説明していく「力のバランス」です。

では2章の最後としてゴルフスイングから無駄な動きを削除するための基本的な考え方を紹介します。これらを知識として覚えておいても損はないでしょう。繰り返しますが、これから説明する「力のバランス」を習得できれば、安定しない動きをスイングから削除することができます。

①**「必要以上に筋緊張が強い動き」**に対しては、一連のスイングがどのような動きの順序で行われているのかを把握します。そして、その中で最も力を使う瞬間を把握し、それ以外の動きには無理に力を入れないように注意して、常に一定の緊張感を持ったスイングが行えるようにします。

②**「必要ない空間を使ってしまう運動」**に対しては、スイングフォームが体の各部のどの

ような動きで構成されているのかを考えます。そして、必要なフォームを作るために働く力の中に、引く力と押す力というような「力のバランス」を作り、常に同じ空間でスイングが行えるようにします。

③「必要以上に動きが速い運動」に対しては、スイング動作に加えられている力の方向を把握します。そして、一方向へ加えられる力に対して、その力を抑制している力を加え「力のバランス」を作り、常に一定の速度でスイングできるようにします。

④「必要以上に力を出しすぎる動き」に対しては、一連のスイングがどのような動きの順序で行われているのかを把握します。そして、スイング中、最も大きな力が入力された後には、どのような動きが加わりスイング動作が完結するのかを知り、常に一定のフィニッシュポジションに収まるスイングが行えるようにします。

⑤「不必要な動きが含まれている動き」に対しては、一連のスイングがどのような動作の順序で行われ、その動きはどうような力のバランスで作られているのかを把握します。そして、その中に含まれていない必要ない動きは削除して一連のスイングを作り、不必要な動きが介入する場面をなくし、常に一定の動きでスイング動作が行えるようにしていきます。

第3章

「力のバランス」アドレス編

力のバランスによって安定を作り出す

5つの粗形態を削除し、スイング動作を安定させるには力のバランスが非常に重要です。その第一段階として、力のバランスを使いアドレスの再現性を高める必要があります。

アドレスには、グリップ（クラブの握り方）、ポスチャー（構えるときの姿勢）、セットアップ（ボールを置く位置）、アライメント（体の向き）のすべてが含まれます。

まずは、その中から安定したスイングを行うための基礎として、再現性の高いグリップとポスチャーを「力のバランス」によって作り出します。力のバランスを働かせればプレーヤーは何度でも同じグリップとポスチャーが作れるようになるのです。

グリップとポスチャーが毎回違うと、スイング始動時の形が毎回違ってくるため、同じスイングを繰り返すのが難しく、練習時間を増やしてもなかなか再現性は高くなりません。ただ闇雲に練習するのではなく、いつも同じスイングを繰り返すために、その基礎となる安定したアドレスの習得を目指してください。

では、さっそく力のバランスを使って安定したアドレスを作っていきましょう。

スイングの再現性を高めるためには、アドレスに力のバランスを働かせ、毎回同じ形を作っていくことが重要。なんとなく作るアドレスでは体調やコース状況によってスイングが変わってしまう。

グリップに働く力のバランス

クラブを握る左グリップはクラブフェースを右方向へ回転させないような力（フェースの開きを防ぐ力）を働かせ、右グリップはクラブフェースを左方向に回転させない力（フェースが返るのを防ぐ力）を加えています。

そのため、左グリップのフェース向きを固定する力が弱いとクラブフェースは開きやすくスライス、逆であればフックが出る確率が高くなります。

この左右のグリップの力を補助するのがヒジであり、左ヒジは左グリップとの協力でクラブフェースを開かないようにし、右ヒジも右グリップに協力する方向に力を加えながら絞り、クラブフェースが返らないようにします。

このようにグリップに対して別の方向に二つの力の加え、そこに力のバランスを働かせれば、アドレスやスイング中、とくにインパクト時に毎回同じフェースの向きを作ることができるのです。

左グリップと左ヒジはクラブを右方向に回転させない力、右グリップと右ヒジはクラブを左方向に回転させない力を加えている。

Point!

ここで重要なのは「両方の手で一定のクラブフェースの向きを作るのではなく、2つの相反する力にバランスを保たせることでスクエアフェースの再現性を高める」ことです。これにより、同じフェースの向きが再現しやすくなるのと同時に、左の力が強ければフックボール、右の力が強ければスライスボールというように、自分のグリップ及びヒジに加える力を修正すれば、曲がるボールの矯正や打ち分けがしやすくなります。

グリップとシャフトの位置を再現させる力のバランス

アドレス時、グリップは左脚の付け根の前にセットします。またボールの位置はドライバーでは左カカトの延長線上、ドライバー以外のクラブはリーディングエッジがスタンスの中央、もしくはドライバーより少し右です。これらの位置には多少の個人差がありますが、毎回同じ位置でグリップを作り、同じ位置にクラブヘッドをセットすることが重要です。

またグリップした時の手の形は、若干のストロンググリップなら左手の親指はクラブシャフトのセンターより右側となり、アドレス時に左ヒジと共同で、クラブヘッドを先行させる力を加えます。

いっぽうでグリップした時の右人差し指は、指の先端の関節を曲げるとクラブシャフトの左側に位置します。この曲がった指がシャフトにひっかかることで、右ヒジとの共同作業でクラブヘッドを先行させない力を加えることができます。

左グリップはクラブヘッドを先行させる力、右グリップはクラブヘッドを遅らせる力と、左右で相反する力を加えているため、グリップとクラブヘッドの位置が常に一定になる。

Point!

右手と左手がグリップに対してそれぞれ逆の力を加えバランスを保つことで、グリップとシャフトの位置が同じようにセットできる。ですから左グリップと左ヒジの力が強ければ、クラブヘッドが先行しプルボール、右グリップと右ヒジの力が強ければヘッドが遅れてプッシュボールが出るため、その結果から自分のグリップ及びヒジの絞り力を変えて出球の方向を調整することができます。

グリップの高さを再現する力のバランス

アドレス時のグリップには、さらにもう一つ「グリップの上下の位置を一定にする力」のバランスが働いています。

このバランスを習得するためには、左手の掌底の部分にグリップをあてがいます。そして、あてがったグリップの部分に上から押さえるような力を加えます。この時、手のひらの肉がはみ出さず、しかもできるだけ長く持てる位置にグリップを決めることが重要です。これは最も効率よく左腕の力を利用するためです。

さらに、左腕の付け根を左胸の左側の上に乗せ、左ヒジの内側を上向きにすることで、掌底の部分がクラブに加える押す力をより強めることができるのです。

また右グリップはクラブシャフトに対して下から支えるような力を加えます。この力は、右グリップの人差し指で作った引き金を引く形を通して、後頭部を持ち上げる首の下の筋肉の力で行われます。

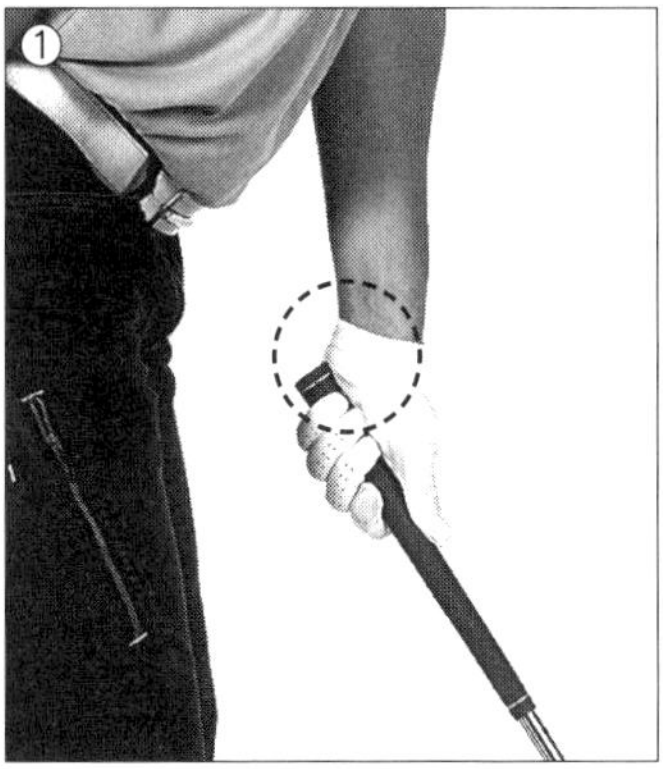

左手の掌底の部分にグリップの部分をあてがい、押す力を加える。

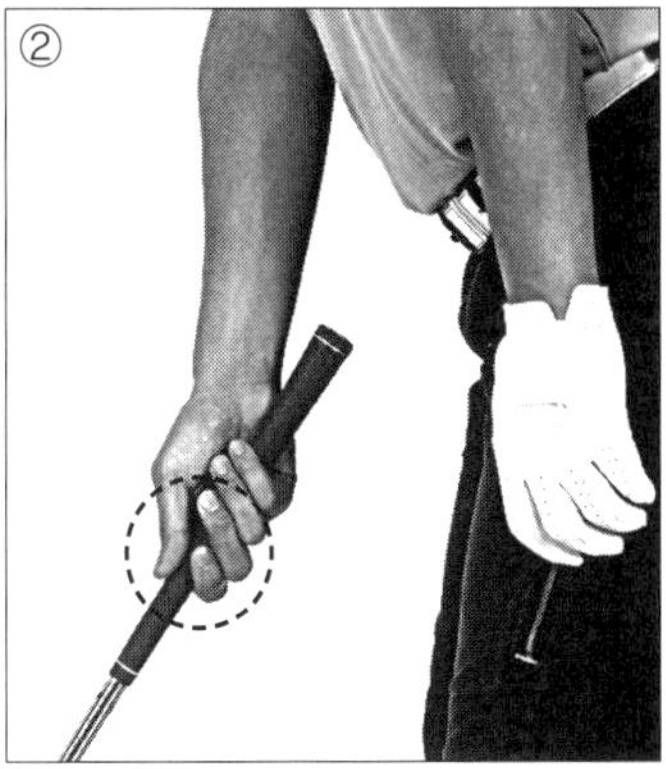

右グリップの人差し指を通して支える力を加える。

左グリップは左ヒジの絞りでクラブシャフトを上から押える力を補助する。

右グリップは首の下の筋肉の力でクラブシャフトを下から支える力を補助する。

上半身の姿勢を再現する力のバランス

上半身の姿勢を作る際の力のバランスは、胸を張りながら両ヒジを絞って作ります。胸を張る姿勢は左右の肩甲骨を寄せて作りますが、背中の筋肉が強く働くと両ヒジが外側を向くため腕の上下運動がしにくくなり、トップショットが発生しますので注意してください。

これに対して、ヒジの先端が自分のへその方向に向くように腕を絞れば、両方のヒジの内側は自然と上を向きます。しかしヒジの絞りが強すぎると猫背のアドレスになってしまいます。

プレーヤーが背中の筋肉のがんばりとヒジの絞りの間に力のバランスを保つことで、アドレスしたときの上半身の姿勢の再現性を高めることができます。またヒジの向きはプレーヤーごとに異なるためあまり重要ではなく、むしろ意識すべきなのは胸の外側の筋肉でヒジを絞るような力を加えることです。この力を加えることで、腕の上下方向の動きがスムーズになり、横方向の動きを抑制することができます。

両ヒジの絞りと胸を張る力にバランスを作ることができれば、アドレス時の上半身の姿勢は一定になる。

胸を張る力が強すぎると両ヒジが外側を向いてしまい、スムーズな腕の上下動ができない。

ヒジを絞る力が強すぎると猫背になるため、上半身がスムーズに回転できない。

頭の角度の再現性を高める力のバランス

上半身の姿勢を作るときには、頭の角度をキープして上半身の軸を作り、回転を一定の方向にしかできないようにすることが、スイング動作に高い再現性を与えます。

この上半身の回転軸は背骨の上部から後頭部にかけて作られますが、頭を正しい角度に保たなければ上半身の軸は作れません。ここで使う筋肉が、首を後ろに傾ける筋肉とアゴを引く筋肉の二つです。

上半身の軸が崩れている場合、地面にあるボールをよく見ようとするため、うなずくような形になりやすいのです。そこで首を後に傾ける力とアゴを引く力のバランスで、頭の角度と位置が常に一定になるようにすることが重要です。

頭を後に引く力が強いとアゴが上がってしまいボールが見えなくなり、ボールをよく見ようとしてアゴを引く力が強くなると、頭がうなだれるようなアドレスになってしまいます。どちらのパターンでも回転がスムーズにできなくなるので、首を後に傾ける力とアゴを引く力のバランスが取れた頭の角度を意識してください。

正しい首の角度を作ることで背骨上部から後頭部にかけて軸ができ、正しい回転ができる。

うなずくように頭が垂れ下がると、体は矢印のような縦方向の回転になりやすい。

後頭部を後ろに引きすぎると、体は矢印のような横方向の回転になりやすい。

上半身の前傾角度の再現性を高める力のバランス

スイング中の上半身は背骨から後頭部にかけて作られる軸で回転しますが、構えた時の上半身は前傾しているため、その前傾角度を維持したままスイングを行うことになります。そこに、程よく曲がったヒザの曲げ角度と太もものねじれという下半身の力が加わり、体が高速回転することで飛距離が出るショットが打てるのです。

上半身の前傾回転の再現性を高めるために、アドレス時の上半身に前傾角度をしっかり作っておくことが重要です。

たしかに、アドレスで前傾角度がなくても、テークバックやダウンスイングで上体を前傾させればボールを上手くヒットできるケースもありますが、当然ながら再現性は高くなりません。

アドレスではヒザの曲げすぎや体の倒しすぎに注意して、正しい上半身の前傾角度を維持しながら回転するスイングでナイスショットを打つ練習をしましょう。

正しい前傾角度はヒザ頭が拇指球（足の親指の付け根）の垂直線を越えない。

前傾角度が少ない構えは、ヒザを曲げすぎているケースが多い。

前傾角度が大きすぎる構えは、ヒザの曲がりが少ない。

第4章

再現性を高めるスイング動作とは

ボールを打つ動きでは上手くならないゴルフスイング

ゴルフと野球のバッティングの動きは似ていますが、実はこの二つのスポーツには決定的な違いがあります。それはゴルフが打球スポーツのグループには属さないと言うことです。

打球スポーツの場合、ボールを上手くヒットするためにもっとも重要なことは、「飛んでくるボールに対してタイミングを合わせてスイングする」「自分がヒッティングエリアまで移動し、そこでヒッティングを行う」ことです。そしてこの要素を持っている種目が打球スポーツと呼ばれます。しかしゴルフスイングはこの条件に当てはまりません。

もちろん打球スポーツにおいても正しいスイングができる方法や、狙った方向に打球を飛ばせる振り方など学習すべき項目はありますが、これらはすべて「スイングのタイミングが合わせられている」ということが前提です。仮に飛んでくるボールに対しスイングのタイミングがまったく合っていないのであれば、どんなに素晴らしいフォームであっても、野球であればボールがバットに当たらないため、意味がありません。

野球のバッティングでは飛んでくるボールに合わせてスイングすることが最も重要な要素となる。

必要なのはダンスのように安定した動きを繰り返すこと

ゴルフのショットは野球のバッティングと違って動かないボールを打ちます。これは打球スポーツというより、むしろダンスのソロパートに近い運動と考えられます。ダンスのソロパートは他人の動作に合わせる必要がなく、音楽に合わせるという条件はつくものの、動き自体は踊っている本人のタイミングで動くことができるからです。

そして、自分のタイミングで毎回同じダンスが踊れるようになったなら、そこから先は色々な技術を学習していくことで、ダンスにバリエーションが増えていくのです。

これをゴルフに当てはめると、プレーヤー自身のタイミングでスイングをスタートさせ、自分のリズムでスイングすることが安定して繰り返せるようになれば、その軌道上にボールを置くことで毎回同じボールが打てるようになるということになります。

スイングが安定してきたら次にアイアン、ユティリティー、フェアウェイウッドを使う場合はインパクトエリアでクラブヘッドが地面を触り、ドライバーを使う場合はクラブヘッドが空中を通過するというバリエーションを増やしていきます。もちろん、ゴルフスイングというダンスは、ヘッドスピードが速ければ打球は遠くに飛ぶし、インパクト時のクラブフェースが目標に対して直角ならば打球はまっすぐ飛びます。また、体の向きが狙った目標に対して正しくセットできれば狙った方向にボールを打つことも可能です。

要するに、ゴルフスイングというダンスが毎回同じように踊れるようになればナイスショットの確率は確実に上がるという考え方です。

しかし**多くの人がゴルフはダンスではなく打球スポーツと考えているため、明確な体の動かし方をおろそかにしてしまう上に、スイートスポットでボールを捕らえることを重要視しすぎてしまうのです。**

この打球スポーツ的な考えを元に練習を行っても、スイング中の手足と体幹の動きをしっかりと把握しなければならないというダンス的要素が抜け落ちてしまうため、なかなか上達は望めません。そこで、**ゴルフスイングはダンスに近いという考え方から、同じスイングを繰り返すために必要な右腕、左腕、右脚、左脚、体幹の動きを説明します。**

それぞれの動きと、その順序を知ることが、5章以降で説明するスイング中の「力のバランス」を習得することにつながるのです。

スイング中の右腕の動き　─切り返しまで─

右腕と右手はアドレス時に人差し指を通してクラブを下から支えています。そのために右グリップの人差し指は鍵形になり、右ヒジを絞った形で体の方を向けています。そして、この右の人差し指がバックスイングとフォロースルーでクラブの振り上げを担当します。

その一連の動きは以下の流れになります。

①バックスイングの8時のポジションまでクラブは体の回転で動かされる。

②そこから、右手首と左手首と左腕で行うコック動作によってクラブの持ち上げ動作がスタートする。

③コック動作が完了後、右腕はクラブを持ち上げるリフトアップ動作を行う。

④その後、ダウンスイングでクラブは左腕主体で引き下ろされる。その時右腕と右手首はクラブの振り上げ時に行ったコック動作とリフトアップ動作でクラブに加えた力を維持し続けているため、右手首と右腕はトップオブスイングの形のまま左腕によって引き下ろされる。

切り替えしまでに発生する右腕に加わる力の方向

このポジションでは右腕がグリップを通してクラブを下から支えている。

コック動作では右手首が矢印の方向に力を加えている。

右腕がコック動作の勢いを利用してクラブを持ち上げるのがリフトアップ動作。

右腕はリフトアップ動作で加えた力をダウンスイングの前半まで維持している。

スイング中の右腕の動き　―切り返し以降―

左腕の引き下ろしによりダウンスイング中盤で右腕は強制的に伸ばされます。そして、インパクトエリアにさしかかると右手首はコック動作時に加えた力を抜き始め、クラブヘッドがボールをヒットします。

その後、右手首はフォロースルー側のコック動作を行い、さらにその勢いを利用して右腕主体のリフトアップ動作が行われます。最後にクラブシャフトは左肩にかつがれます。

ここまでの右腕の動きを見ると、クラブを振り上げるときには常に力を加えていることがわかります。

しかし、逆にクラブを振り下ろすときに右腕は力を加えません。ダウンスイングでは左腕の動きが重要だと考えられていますが、左腕によるクラブの引き下ろしを効率よく行うには、その準備としてバックスイングとフォロースルーの右腕によるクラブの振り上げが必要であることを覚えてください。

切り替え以降で発生する右腕に加わる力の方向

①

左腕の引き下ろしに合わせた体の回転でインパクトを迎える。

②

フォロースルーのコック動作でも、右手首はクラブに矢印方向の力を加える。

③

コック動作の勢いで右腕は矢印方向に力を加え、クラブを左肩の上に振り上げる。

④

最後は右腕の動きによりクラブは左肩の上にかつがれる。

スイング中の左腕の動き　—始動からフィニッシュまで—

左腕はバックスイングのとき右腕につられて動くため、主体となって動くのは主に切り返し以降です。

左腕と左手首はアドレス時に、クラブシャフトを左手の掌底で上から押すような形になっています。そして、バックスイング時にも、クラブを下方向に押す力は維持され、右手主体のコック動作とリフトアップ動作によってトップオブスイングまで動かされます。

この時、左腕の押す力と右手首、右腕のクラブの引きつけはテコの原理でクラブをトップオブスイングまで導きます。その後、ダウンスイングでは左腕上腕部が主役となり、バックスイングで主役だった右腕を強引に引き下ろすことで右腕は強制的に伸ばされるのです。

この時、インパクト以後も左腕はクラブを体から遠ざける力を加え続けますが、同時に右腕はフォロースルーのコック動作とリフトアップ動作を行うため、最終的には脱力するように左ヒジが曲がり、クラブは左肩の上に乗るのです。

始動からフィニッシュまでで発生する左腕に加わる力の方向

アドレスから左腕はクラブを体から遠ざける方向に力を加えている。

ダウンスイング時の左腕はクラブを体から遠ざけながら真下に引き下ろす。

インパクトまでにアンコック動作が行われるが、この間も左腕はクラブを体から遠ざけようとしている。

フォロースルーで脱力しながら左ヒジを曲げるため、最終的にはクラブシャフトは左肩に乗る。

スイング中の右脚の動き

アドレス時の右ヒザは若干曲がっています。そして、バックスイングで体が右方向へスエーしないように、太ももの内側の筋肉に力を入れてヒザをやや内側に向けます。

ここから右太ももの外側の筋肉とお尻の筋肉が腰をバックスイング方向に回転させ、同時に上半身が右脚の上に回転してきます。そして右脚の上に移動してくる上半身を右脚内側の筋肉が受け止めるため、上体はすぐに左脚の上に押し返されます。

ダウンスイングからフォロースルーにかけて腰が回転する間も、右脚内側の筋肉の緊張は続き、フォロースルーの腰の回転に引っ張られるように右ヒザは左ヒザに寄るため、フィニッシュで両ヒザが密着します。

両ヒザの寄り合いで右腰はスムーズに回転することができ、両腰は目標に対して正対、もしくはそれ以上でも楽に回転することができます。

スイング中の右脚の使い方

バックスイングでは右脚内側の筋肉に力を入れ、上体が右に流れないようにする。

お尻の右側が矢印方向に動くのを右脚内側の筋肉が受け止めて抑制する。

右脚内側の筋肉はインパクトでも矢印方向に力を加え続ける。

フォロースルーからフィニッシュまで右脚の内側の筋肉はがんばり続け、最後は左脚に触れて止まる。

スイング中の左脚の動き

アドレス時の左ヒザは右ヒザのように内側に向けることはせず、正面もしくは若干左側を向きます。これはテークバック時の体の回転に左ヒザが抵抗することで、体幹部にねじれを作るのが目的です。

バックスイング時に左脚は上半身主体の体の回転に対抗するように、左脚の外側の筋肉で左ヒザが必要以上に右脚に寄らないようにがんばります。このがんばりによってトップオブスイングの体幹部にねじれが作られるのです。

続いて上半身は右脚内側の筋肉のがんばりで左脚の上に押し戻されます。それに合わせて左脚太ももの力で腰を回転させるため左脚は左に動きます。しかし左脚の右への動きはインパクトの瞬間までヒザ約2個分で止まります。そのあとは左太ももと左尻の筋肉によって腰は目標方向に向けて回転します。

フィニッシュでは、腰によって回転させられた上半身が腰を引っ張り、左ヒザはやや目標の左方向を向きます。それに合わせて左足親指の裏も若干浮きます。

スイング中の左脚の使い方

①

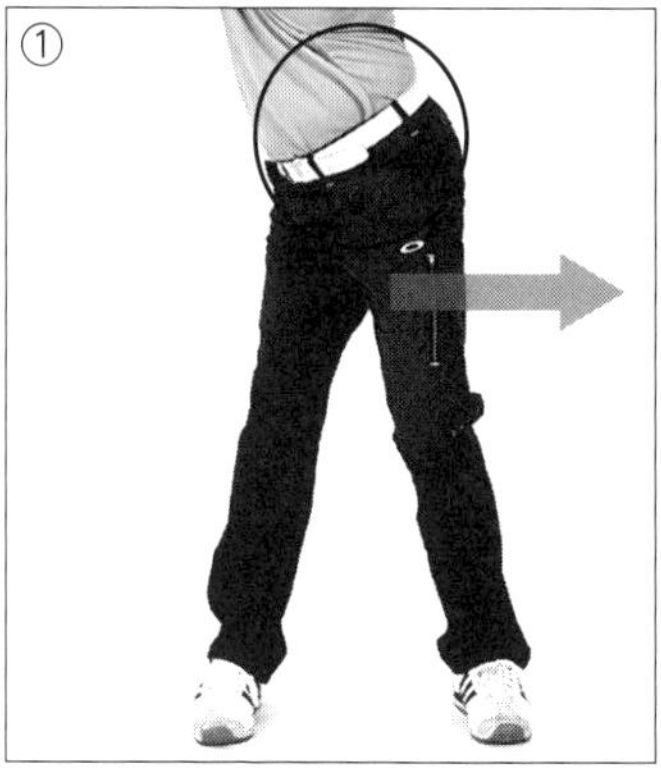

肩が右方向へ回転することに対して、左脚は矢印の方向に力を加えているため体幹にねじれが発生する。

②

ダウンスイングで左脚は左方向に動き、左腰が始動するきっかけを作る。

③

インパクト直後から左脚内側の筋肉は内側への力を加え、左ヒザを目標方向に向けないようにする。この動きで左腰の回転が速くなる。

④

左ヒザが目標方向を向かないように左脚内側ががんばるが、腰によって回転させられた上半身が全体を左方向に動かしてしまう。

スイング中の体幹部の動き

アドレスでは、背中上部とアゴの下の筋肉が若干緊張しながら上半身の前傾を作っていますが、体幹部の筋肉には緊張感はありません。しかし、バックスイング時の左肩が右ヒザの上に動く回転により若干の緊張感が生まれ、この動きに呼応するように下半身もバックスイング方向に回転します。

そして、トップオブスイングから上半身は、右脚内側の筋肉のがんばりで左脚の上に押し返され、下半身が上半身を動かすように回転していきます。

ダウンスイングの切り返しで上半身が左へ移動する間に下半身が回転するため、上半身の回転は下半身の回転に対して遅れ、下半身リードの回転がスタートします。この結果、インパクト時の体の回転は腰先行の姿勢になります。

その後フォロースルーで腰の回転速度が減速していくにしたがって肩の回転が腰の回転を追い越すため、上半身のほうが深く回転しているフィニッシュ姿勢になるのです。

スイング中の体幹部の動き

バックスイングで上半身は背骨を軸として回転するため、わずかに右脚の上に移動する。

右脚内側の筋肉ががんばっているため、右脚の上に乗るように移動した上半身は左脚の上に押し戻される。

上半身が左脚の上に押し戻される間に、下半身の回転がスタートし、インパクトでは腰先行回転が完成する。

フォロースルーからフィニッシュにかけては上半身の回転が腰を追い越し、腰は上半身に引っ張られるように回転する。

第5章

「力のバランス」バックスイング編

クラブを振り下ろしやすいトップオブスイングを作るために

ここでは、再現性の高い安定したバックスイングを行う方法を見ていきます。そもそもバックスイングは、クラブが振り下ろしやすいトップオブスイングを作る目的で行われる動作ですから、ボールヒットのことを考えながら振り上げるようでは安定したバックスイングは身につきません。

毎回正しい位置にクラブが振り上げられるバックスイングを習得するには、はじめにクラブの振り上げ方に必要な動きの順序を確認することが必要です。

そして、それぞれの動きを毎回同じように行えるようにするために、バックスイング中の体の各部の動きに「力のバランス」を作ります。

これよって、バックスイング中に行われている動きの大きさや速さ、力の入れ具合が一定になり、毎回同じ軌道のバックスイングが習得できます。

バックスイングでは正しいトップオブスイングにクラブを振り上げることが目標になるが、そのためには目標となる位置とそこまでの筋道が明確になっている必要がある。

バックスイングの体の動きの順序

体の動きを分かりやすくするために、バックスイングをA、B、Cに分けます。

バックスイングA：体を45度回転させる。

バックスイングB：体をさらに45度回転させ腕と手首のコック動作が完了させる。

バックスイングC：体は回転を終えているため、腕のリフトアップ動作のみ行う。

ただしバックスイングとはいえ、多少の遠心力やクラブヘッドの勢いよってクラブシャフトはわずかに背中側に倒れることになります。ただし、クラブシャフトの倒れ具合は、体の回転速度、クラブシャフトの長さなどで変わるため、すべてのクラブが同じ軌道を通過するわけではありません。

そのため、プレーヤーが意図的に軌道を揃えようとしたり、他人の軌道を真似ようとせず、どのクラブを持っても次に説明するバックスイングの3つの局面A、B、Cで行うべき動きを理解して、実際のスイングに反映させてください。

バックスイングA
クラブシャフトは、スイングを正面から見た場合、時計の短針が8時を指す位置まで動く。

バックスイングB
クラブシャフトと左腕は、スイングを正面から見た場合、アルファベットのLの字を作る。

バックスイングC
クラブシャフトと右腕は、スイングを背中側から見た場合、右肩の上でカタカナのコの字を作る。

クラブシャフトの倒れ具合
体の回転速度、クラブヘッドの慣性、スイング中に働く遠心力などで変わるため、クラブシャフトの倒れ具合はプレーヤーごとに異なる。

腕の動きの順序

バックスイングのスタートで、いきなり腕や手首を動かしてしまうと、毎回同じ軌道のバックスイングを行うことが非常に難しくなります。なぜなら、腕や手首は細かい動きができるために、直線的なバックスイング軌道を描いたり、急な曲線を描くような軌道でスイングをスタートさせてしまうからです。バックスイングの始動は、これからスイングが始まるという重要な局面です。クラブヘッドの軌道を曖昧にしないためにも、「バックスイング始動時に手首や腕を動かさない」、「クラブヘッドは体の回転で動かす」、という意識を強く持つといいでしょう。リフトアップ動作はコック動作の勢いで行ってください。そうすれば手首と腕の動きはコック動作から始まりリフトアップ動作で完了するという順番を守ることができます。正しいコック動作によるクラブの振り上げを身につければ、体の上下動の少ないスムーズな体の回転が身につきます。また、素早い手首のコック動作を習得すれば、打球のスピン量を増やすことができるため、女性でもグリーン上で止まるボールが簡単に打てるようになるのです。

バックスイングA

静止状態のアドレスから、体が４５度回転するまでは、腕と手首はまったく動かさず、この間のクラブヘッドは緩やかなカーブを描いて動く。

バックスイングB　腕の動き

バックスイングの中盤では手首と腕のコック動作が始まる。コック動作はバックスイングのＡ完了の位置から縦方向にクラブを動かす。

バックスイングB　体の回転

実際のバックスイングでは、手首の動きが体の回転と合わせて行われるためクラブシャフトは斜めに上がっていくことになる。

バックスイングC

バックスイングの中盤から終盤にかけて、クラブはヒジと腕のリフトアップ動作によってさらに上に持ち上げられる。

体の回転の順序

　ここではバックスイングの各局面における体の回転について説明していきます。体の回転はバックスイングAとBで完了しますので、ここではCは関係ありません。

バックスイングA：バックスイングAは体の回転のみでクラブヘッドを8時のポジションまで動かします。このバックスイングAで中心となる体の動きは上半身、特に肩の動きであり、下半身は積極的には動きません。あくまでも両肩を結んだ線が、バックスイングAでは、バックスイング方向の45度の位置まで回転することが絶対条件で、下半身はその動きに必要なだけ引っ張られて動くということになります。

バックスイングB：バックスイングBでも、下半身は上半身の回転に連動して動き、肩が90度回転する助けをします。バックスイングを上半身主体でスタートさせる理由は、ダウンスイングの体の回転を下半身始動で行うためです。下半身始動のダウンスイングは体の

回転を速くし、飛距離を伸ばすことができます。

この順番でバックスイングをスタートさせることで、上半身がバックスイング方向に回転力を残している間に下半身をスタートさせることができます。この上半身と下半身の動きのズレで体幹部にねじれが発生しますが、このねじれこそが高速回転のダウンスイングを生み出します。

仮に下半身からスタートするバックスイングで、下半身始動のダウンスイングを行おうとした場合は、バックスイング方向に動いていた下半身を一旦停止させた後、反対方向に動かすことになるため、一瞬の停止が発生し、回転のスピードアップは不十分になってしまいます。

正しいバックスイングで発生する上半身と下半身の動きのズレやねじれは、ゴルフスイングにおいて非常に重要なため、しっかりと動きの順序を理解してください。

やってはいけないバックスイング

バックスイングは、ダウンスイングをスムーズに行うための準備動作です。そのため、いかにダウンスイングでやりたいことに見合ったトップオブスイングを作るかがバックスイングの最大の課題です。

腕は「どうやってクラブを縦方向に振り下ろしやすい位置に振り上げるか」、体は「どうやってダウンスイング時にスピードのある回転ができる体のねじれを作るか」が重要なポイントです。

しかし、ボールをヒットすることを考えながらクラブを振り上げダウンスイングに突入しているプレーヤーは多く、このようなクラブの振り上げでは、ほとんど腕の動きにしか注意が払われません。

その結果、体の回転を無視した振り上げであるため、腕の動きも正しく行われません。ゴルフスイングにおいて体の回転は飛距離を担当する重要なファクターです。腕の動きだけに頼ったスイングではショットの方向性も飛距離も安定せず、再現性も低くなってしまうのです。

毎回、同じバックスイングを行うためには、腕の動きと体の回転に見られる、順序だてた動きの中に力のバランスを働かせ、何回でも同じ動きができるようにすることが必要。

腕の力に働く力のバランス

体が45度まで回転するバックスイングAでは、腕はなにもせずアドレス時の形を保っています。この時、左掌底でクラブシャフトを上から押さえる力と、右グリップの人差し指でクラブシャフトを下から支える力の間に働くバランスによって、腕とクラブシャフトの角度が作られます。その腕とクラブの角度を維持したまま、体のみがバックスイング方向へ45度回転するのがバックスイングAに必要な腕の力のバランスです。

またこの動きでは同時に、アドレス時の左右のヒジの絞りのバランスも働いているためクラブヘッドは体の正面に位置しています。このバックスイングAのクラブの動かし方をマスターすれば、静の状態から動へのスムーズな移行ができます。

それに加えて、体幹部と背中の大きい筋肉によるバックスイングのスタートができるため、クラブヘッドの軌道やバックスイングの速さも安定し、速すぎたり大きすぎたりするバックスイングや、力みすぎのバックスイングが防止できます。これによって再現性の高いスイング始動が身につくのです。

腕とシャフトの角度を維持するための力と、クラブシャフトを体の正面に保つ両ヒジを絞る力にバランスを働かせた上で、体幹と背中を使って肩を４５度回転させスイングを始動する。

一定のコック動作とリフトアップ動作を再現させる力のバランス

バックスイングBで行われるコック動作では、左腕が左手の掌底部分でクラブシャフトを上から押える力を加え続ける間に、右腕は右人差し指を通してクラブを引きつける力を加えます。この右腕と左腕の力関係によるテコの原理でクラブヘッドは徐々に上がっていき、この時点でクラブは右肩の前にあるため、左ヒジは伸びているが右腕は若干曲がっているという姿勢になります。

コック動作後のリフトアップ動作（バックスイングC）でも、左腕は左手掌底部分を通してクラブを体から遠ざける力を加えるのに対し、右腕は右人差し指を通してクラブを体に引きつける下方向に力を加えます。この時の右腕の力は、重力を味方につける下方向に働くため、トップオブスイングの左腕は若干曲がった形になるのです。

ゴルフスイングでは、左腕が伸びていなければならないと考えている人は多いですが、トップオブスイングからクラブを縦方向に振り下ろしながら振るアップライト気味のスイングでは、トップオブスイングの左腕は必ずしも伸びている必要はありません。

左右の腕に働く力でコック動作を行い、その勢いで腕のリフトアップ動作を行う。縦方向にクラブを動かすスイングでは、トップオブスイング時に左ヒジが曲がっていてもインパクトまでに伸びるので問題ない。

左 腕を伸ばし続けるバックスイングの問題点

左右の腕に働く力のバランスでコック動作とリフトアップ動作が連動することを覚えると、円軌道の自然な速度で無理のない再現性の高いバックスイングが身につきます。

そもそも左腕を伸ばし続けるバックスイングは、鍛えぬかれた柔軟な体でないかぎり、上体が振り上げの影響を受け、背中がターゲット方向に反ってしまう形になってしまいます。そのため左腕を伸ばし続けようとするプレーヤーの大半が、正確なボールヒットのために飛距離を犠牲にしてクラブが十分に上がらないトップオブスイングを選択しています。

また、腕を無理に上げようとするため肩の筋肉が過度に緊張したり、上半身も腕につられて一緒に上がってしまうプレーヤーもいます。

コック動作の勢いで行うリフトアップ動作によって、体幹が反らない再現性の高いトップオブスイングを作りましょう。

腕の振り上げによって上体が左側に反ってしまう、不必要な動きが含まれたバックスイング。これでは体を元の姿勢にいったん戻してからの回転になるため、動きが複雑になり再現性が低くなる。

一定のトップオブスイングを再現させる力のバランス

アドレス時に絞った両ヒジは、バックスイング中も絞りを維持するため、トップオブスイング時のクラブシャフトは飛球線とほぼ平行行になります。

ただし、バックスイングBでは、体の回転とコック動作が同時に行われるため、ヒジの絞りがクラブシャフトを垂直に立てようとしても体の回転の勢いがクラブヘッドに伝わるので、クラブシャフトは少し背中側に倒れてしまいます。

しかし、バックスイングCでは体の回転が完了しているため、クラブに伝わる回転力が小さくなり、体に対するクラブシャフトのズレは自然に矯正されトップオブスイングでは飛球線とほぼ平行になるのです。

トップオブスイングのシャフトは基本的には飛球線と平行ですが、多少の個人差は認められます。この個人差はどのくらいの範囲で許容されるかという問題は、クラブヘッドが頭の位置を越えたり、お尻の位置より左側にならなければよいと考えてください。

トップオブスイングで両ヒジの絞りのバランスがキープできると、クラブヘッドは点線のほぼ中央に位置する。

トップオブスイングの右ヒジの絞りが甘いと、クラブヘッドは頭の頂点を越えてしまう。

トップオブスイングの左ヒジの絞りが甘いと、クラブヘッドはお尻よりも背中側にいってしまう。

体の回転に働く力のバランス

バックスイング時に、右のお尻は上半身の回転に連動して左足のカカトの上に移動するような方向で回転します。この右尻の動きを助けるのが左ヒザを前に出す動きです。この「右尻の回転」と、「左ヒザの動き」により腰はスムーズに回転します。

これに対して、「右ヒザの曲げ」が、この腰の回転を止めようとします。バックスイング中に右ヒザが若干伸びないと腰は回転できないのですが、完全に伸びてしまうと腰が回転しすぎてねじれが作れません。

体をバックスイング方向に回転させる部分（右尻と左ヒザ）と、それを止めたい部分（右ヒザの曲げ）、に「力のバランス」を作ることで右太ももにねじれが発生します。

そして、このねじれを発生させることにより、トップオブスイングの体幹部の回転不足や回転しすぎを防ぐことができるので、トップオブスイングの体の回転の深さは常に一定になります。

左ヒザが前に出て、右ヒザが曲がる。お尻の右側を目標から見えるように動かした正しいトップオブスイング。

右ヒザがアドレス時より曲がってしまい、腰が回転できなくなる悪いトップオブスイング。上体の筋緊張が高まる。

左ヒザが前に出ないため腰が回転できなくなってしまった悪いトップオブスイング。上体の筋緊張が高まる。

Point!

力のバランスが働かず再現性が低い腰の回転であっても、まぐれなら腕の使い方によってナイスショットを打つこともできます。しかし、体の回転の深さが毎回変わってしまうと同じスイングを行うことが難しくなるので、ナイスショットの確率は高められません。

上体の前傾を再現させる力のバランス

バックスイング時の上半身は、アドレス時の前傾角度を維持した回転を行うために、トップオブスイングでは左肩が若干下がります。このトップオブスイング時に左肩の下がり具合を一定にすることは、再現性の高いスイングを行うには必要不可欠です。

しかし、トップオブスイングの肩の傾きには目安がありません。そこで、肩の下がりすぎや下がりが足りない状態を防ぐために、力のバランスによって再現性を高めることが必要なのです。

ここで作る力のバランスは「バックスイングで左ヒザを前に出す動き」と「右ヒザが伸びきらない腰の回転」の間に働くものです。

左ヒザを前に出す動きは左肩を下げる動きを助けます。また、右ヒザを曲げたままの腰の回転は頭の位置を下げにくくさせます。

この左右のヒザの動きをバックスイング中に行うことで上半身の前傾姿勢に対して「力のバランス」が作られ、トップオブスイング時の上半身の前傾は常に一定になるのです。

バックスイングで左ヒザを前に出す動きに、右ヒザが伸び切らない腰の回転を加えたフォーム。

右ヒザが伸びきってしまうと、左肩が下がりすぎる。

左ヒザを前に出す動きが小さいと、思うように左肩が下げられない。

Point!

上半身の前傾に力のバランスが働かないトップオブスイングではバックスイング中の前傾角度が毎回異なるため、使う必要のない空間を使うバックスイングが多々発生します。この左肩の下がり具合のズレは大事な場面ほど大きくなるので、力のバランスを働かせて毎回同じ前傾角度でショット練習しましょう。再現性の高い前傾角度が身につけばナイスショットが増え、緊張する場面でのミスショットの確率を下げることができます。

重心配分を再現させる力のバランス

続いて、トップオブスイングを正面から見た場合の体幹部の姿勢に働いている力のバランスについて説明します。

バックスイング時の上半身は、首の後ろから後頭部にかけての上半身の軸で回転するため、左肩が右ヒザの上に移動するような回転になります。これは回転軸が体の裏側（背中側）にあるため、トップオブスイングで体の厚みが軸の右側に移動することで作られる姿勢です。

いっぽう下半身（特に右尻）は、左カカトの上に乗るような方向へ動きます。このように、上半身と下半身がそれぞれ違う方向へ動くことで、トップオブスイングの重心配分は左5：右5、もしくは左4：右6になります。

この姿勢では左右の動きの方向に力のバランスが発生しているため、常に一定のトップオブスイングの姿勢が完成します。

腰の動く方向と上半身の動く方向が逆であることから力のバランスが生まれ、体が右に行きすぎたり、左に行きすぎたりすることがない。このフォームは上半身の位置が毎回同じになるので、ダウンスイングで使う空間も一定になる。

上半身の移動と下半身の回転を組み合わせる

再現性の高いトップオブスイングでは、お腹の下部分にある筋肉に緊張が生まれます。この緊張は、左カカトの上に動こうとする右のお尻は、上半身も左脚の上に引っ張ろうとします。しかし、この間に左肩が右ヒザの上に動くということは、お腹の下の筋肉で上半身を右脚の上に引っ張っているということになるのです。

その後のダウンスイングでは、腰の回転が始まりお腹の下の筋肉は緊張を維持できなくなり、上半身は引っ張ったゴムが放たれたかのように、左脚の上に移動していきます。これにより、左へ移動しようとする上半身を腰が回転させる動きがスタートします。

このターン動作では、「上半身の移動」と「下半身の回転」が組み合わせられることで、上半身は背骨を軸とした回転を行うことになります。つまり、実際のスイングの中には、上半身の移動だけを行う場面は存在しないということです。

力のバランスでこの移動回転を作っていくことで、必要以上に左移動の大きい回転や右脚に重心が残ってしまう回転が発生することを防ぐことができるのです。

左へ移動しようとしている上半身は下半身の動きで回転させされるため、脳天軸回転（その場回転）ではなく上半身の軸をキープした回転になる。

第6章

「力のバランス」ダウンスイング編

ミスショットを激減させるには

ここでは誰もが手に入れたいと思う、再現性の高いダウンスイングの習得方法について説明しましょう。

再現性の高いクラブの振り下ろしを習得するには、バックスイング同様に「クラブの振り方に必要な動きの確認」と「体の各部の動きに力のバランスを働かせる」ことが必要です。その上で同じ動きが繰り返せるスイングフォームを作っていくのです。

ダウンスイングは腕の動きも体の回転もスイング中で最も大きな力を発揮する場面のため、間違った動きも発生しやすくなります。可能な限り速い動きでクラブフェースをアドレスと同じ位置に戻すには、腕と体の動きを確認しながら体の各部の動きに「力のバランス」を作る必要があります。

再現性の高いダウンスイングが身につけば、クラブヘッドは何回スイングしても同じ場所を通過するようになります。そして、このダウンスイングでナイスショットを打てるなら、それは必然的にミスショットが激減するという意味でもあります。

繰り返しやすい動きで行うダウンスイングでナイスショットが打てるようになれば、ナイスショットの確率が高まり、必然的にミスショットは激減する。

ダウンスイングの動きの順序

ダウンスイングの体の動かし方は大きく分けて2段階あり、それぞれを、ダウンスイングD、ダウンスイングEとして区別します。

ダウンスイングD：体の移動回転に合わせて左腕がクラブを引き下ろす。この動きの結果として、クラブシャフトと左腕はV字を形成する位置まで引き下ろされます。

ダウンスイングE：さらなる体の回転とアンコック動作が合成されます。この動きの結果としてクラブヘッドはインパクトを迎え、ボールをヒットします。

トップオブスイングからダウンスイングへの切り返しでは、上半身が左脚の上に向かって移動すると同時に下半身が回転します。そして、その間に左腕がクラブシャフトを引き下ろし始めるのです。

その後、右腕はダウンスイングの途中まで左腕に引っ張られて下りてきます。そして右ヒジが伸び始め、さらにアンコック動作によって手首もアドレス時の角度に戻って、ボールをヒットします。

ダウンスイングD

トップオブスイングから左腕がクラブを引き下ろす。右腕は曲がったままなので左腕とクラブシャフトがV字を作る。

ダウンスイングE

アンコック動作と体の回転でクラブヘッドはボールをヒットする。腕だけでクラブをこの位置に運ぼうとするとフェースが開いてしまう。

ダウンスイング時のクラブはトップオブスイングから飛球線後方に垂直に下ろされる。しかし、体の回転の力が腕を動かすため、クラブシャフトはヘッドの重さで背中側に倒れてしまう。この時のクラブシャフトの倒れは、バックスイングと同様にプレーヤーの体の回転の速さや使うクラブの長さによって変わってくるため、プレーヤーはどのクラブを使ってもダウンスイングD、Eをしっかり行うことで自分自身の軌道を作ることができる。

ダウンスイングの腕の動きの順序 1

ダウンスイングD

それでは、再現性の高いダウンスイングを可能にするために、腕の動きから見てみます。

トップオブスイングから左上腕の引き下ろしが始まった後も、右腕と右手首はバックスイング時にクラブを振り上げた力を保ったまま左腕によって引き下ろされます。

これは右腕がクラブを振り上げる方向への勢いがまだ残っているときに、左腕によって逆方向へ引き下ろされるということです。そして左腕に引っ張られて右腕の付け根が胸に近づくあたりから、引き下ろす力に負けて強制的に右腕は伸ばされ始めます。

この逆方向に力を加える右腕と左腕のコンビネーションが、ダウンスイングDの腕の動きのタメを作り、インパクトエリアのヘッドスピードを必要最小限の力で速めます。少ない力でヘッドスピードが速めることができれば、スイングバランスを崩すほどの力を発揮しなくても飛距離が出せるため、スイングの再現性が高まります。

右腕の強制伸展：右腕と右手首にはバックスイング時にクラブを振り上げた力が残っているが、左腕の引き下ろしで強制的に伸ばされる現象。

ダウンスイングの腕の動きの順序 2

ダウンスイングE

クラブを上げる時に使った右腕の力は、左腕がクラブを引き下ろそうとする力に合わせて、アンコック動作が開始されるタイミングで脱力し始めます。

このタイミングには個人差がありますが、おおよそ腕とクラブがV字を作るあたりと考えてください。また、右腕が脱力し始めるタイミングは、体の回転速度が速いプレーヤーの方が遅いのですが、これは体の回転が速いプレーヤーほどクラブの落下速度も速めなければトップショットが発生してしまうからです。

ただし、プレーヤー自身がこのタイミングを探すには、連続写真や動画でフォームをチェックするより、フィニッシュまでスムーズに振り抜けるという条件でボールを打ちながら確認していく方がよいでしょう。タイミングの合わないアンコック動作はフォロースルーのクラブの動きを止めてしまうため、ミスショットが増えてしまいます。

アンコック動作のタイミングがしっかりしてくれば、地面方向に向かって落下するクラブヘッドは、回転を続けている体と共同作業で毎回同じようにボールをヒットできる。

ダウンスイングの体の回転の順序１

ダウンスイングDでは、上半身はトップオブスイングの体の向きを維持した状態から「右脚の上」→「左脚の上」へと平行移動するように動きます。いっぽう、下半身はトップオブスイングの位置から、左ヒザの目標方向への動きに合わせ、その場で腰の回転をスタートさせます。

この上半身と下半身の動きはほとんど同時に行われるため、下半身が上半身に対して先行しながら回転するターン動作が成立します。

そして、上半身の回転スタートが腰のスタートに対して一瞬遅れる間に、左腕によるクラブの振り下ろしがスタート、クラブヘッドは飛球線に対してインサイドからボールにコンタクトするのです。

このダウンスイングは、上半身は重心移動を担当し、下半身が回転を担当するため、移動しながらの回転も自然に行われます。この移動回転はスイング軌道の最下点を左サイドに移すため、ダフリショットの防止には最適です。

トップオブスイングでは上半身が右脚の上で回転しているが、腰はその場で回転している。

ダウンスイングに入ると同時に上半身は左に移動する。この動きに合わせて腰が回転するため、実際のスイングではこの瞬間が現れることはない。

腰ははじめからその場で回転しているため、上半身が左移動するだけで左脚の上に移動しながらの回転が成立する。

ダウンスイングの体の回転の順序２

ダウンスイングDでは、上半身がトップオブスイングの肩の回転（飛球線に対して90度）を維持したまま、左脚の上にスライドするように動きます。

この時できるだけ上半身は回転しないで左脚の上に移動する感じで動くことが重要です。上半身が回転せずスライドするのと同時に下半身が回転することで、下半身先行の回転がスタートします。

では、上半身の移動はなぜ必要なのでしょうか？　それは、上半身を移動させながら回転する感覚で動けば背骨を軸とした回転ができるため、スイングアークを大きくすることができるからです。これは飛距離アップにもつながります。

逆に上半身に移動の感覚がないと、上半身はその場で頭頂部や胸を軸として回転するため、スイングアークは小さくなります。

上半身が平行移動している感覚があれば、トップオブスイングからすぐに右肩を前に出すようなアウトサイドイン軌道を作る回転も防ぐことができるのです。

あごから胸のラインを軸に回転すると重心は逆方向に移動するためスイングアークは小さくなる。

頭頂部を軸とした回転では重心移動が発生せずスイングアークはやや小さくなる。

背骨を軸とした回転では体の厚みが背骨を中心に回転するのでスイングアークが大きくなる。

ダウンスイングの体の回転　まとめ１

これまでの説明からわかるように、上半身はダウンスイングが始まってすぐに回転を始めるのではありません。

左腕でクラブを下ろしながら上半身を左脚の上に移動させ、それと同時に下半身が回転を始めます。ここではじめて下半身に引っ張られて上半身は回転を始めます。これがよく聞く「腰の先行回転」の仕組みです。

ただし、この上半身を移動させる動きは、実際の映像に現れることはありません。下半身が回転を始めると、上半身も引っ張られながら背骨軸で回転を始めてしまうため、平行移動している動きは確認できないのです。

しかし、映像には写らない上半身を移動させながらの回転ができれば、背骨の周りを体が回転する重心移動を伴った回転が習得できます。

さらに正しい腰先行の回転はダウンスイングで上半身がボール側に突っ込む動きも抑止でき、重心が左脚に移ったバランスのよいフィニッシュにつながります。

上半身の左への移動と下半身の回転を組み合わせることで、ダウンスイングにおける回転の再現性が高める。移動のない回転では、上半身がボールを強打しようとして突っ込んだり、高い球を打とうとして右肩が下がったりする。

ダウンスイングの体の回転　まとめ２

ダウンスイングEでは、腰の回転が上半身をインパクト姿勢まで導きます、この時、重要な役割を果たすのが左ヒザです。バックスイング時に腰は左脚の上に移動しようとし、上半身は右脚の上に移動しようとするため、腰は思うように左脚の上に移動できませんでした。

しかし、ダウンスイングDで上半身が左移動をするように動くので、その瞬間に腰は左脚の上で回転をスタートさせることができるのです。この下半身の回転は左ヒザの動きをきっかけとしてスタートします。

左ヒザはバックスイングで上半身の回転に抵抗して、ヒザを左側に向けようとしながら、上半身の回転に引っ張られてスタンスの真ん中ぐらいまで右方向へ寄って行きます。

そこから、まず左ヒザが目標方向に動きます。この動きに合わせて腰の回転がスタートし上半身を誘導します。腰の回転には大きな力が必要なので左ヒザの動きで弾みをつけるようなイメージを持つとよいでしょう。

トップオブスイングの左ヒザは上半身の回転に抵抗しているが、アドレスの位置より約ヒザ１個分右に動く。またダウンスイングではアドレスの位置より約ヒザ１個分左に動き、それ以降はその場にとどまる。

意識して頭を残してはいけない

プロゴルファーのインパクト時の写真はどれもしっかり頭が残っています。しかし、頭が残っているプロゴルファーのインパクトは、意識的に頭を残しているわけではなく、体の回転の主導権を下半身が握っていることで自然発生している形なのです。

これは下半身の回転の力が上半身を回転させているため、ダウンスイングEで肩が遅れて回転し、その上にある頭が一番遅れて回転している結果です。

一般的に顔が上がるのが早いと言われる回転は、右肩が腰より先に回転しようとすることで発生します。顔に近い右肩が先行回転すると、顔は必然的に押し出されて目標方向を向いてしまうのです。さらに、この回転は右腕がボールを叩こうとするアウトサイドイン軌道のダウンスイングと同じで、右肩に必要以上の力みを発生させてしまうのです。

頭を意識して残すのではなく、下半身先行の回転により頭が自然に置いていかれた結果として残るようにしましょう。

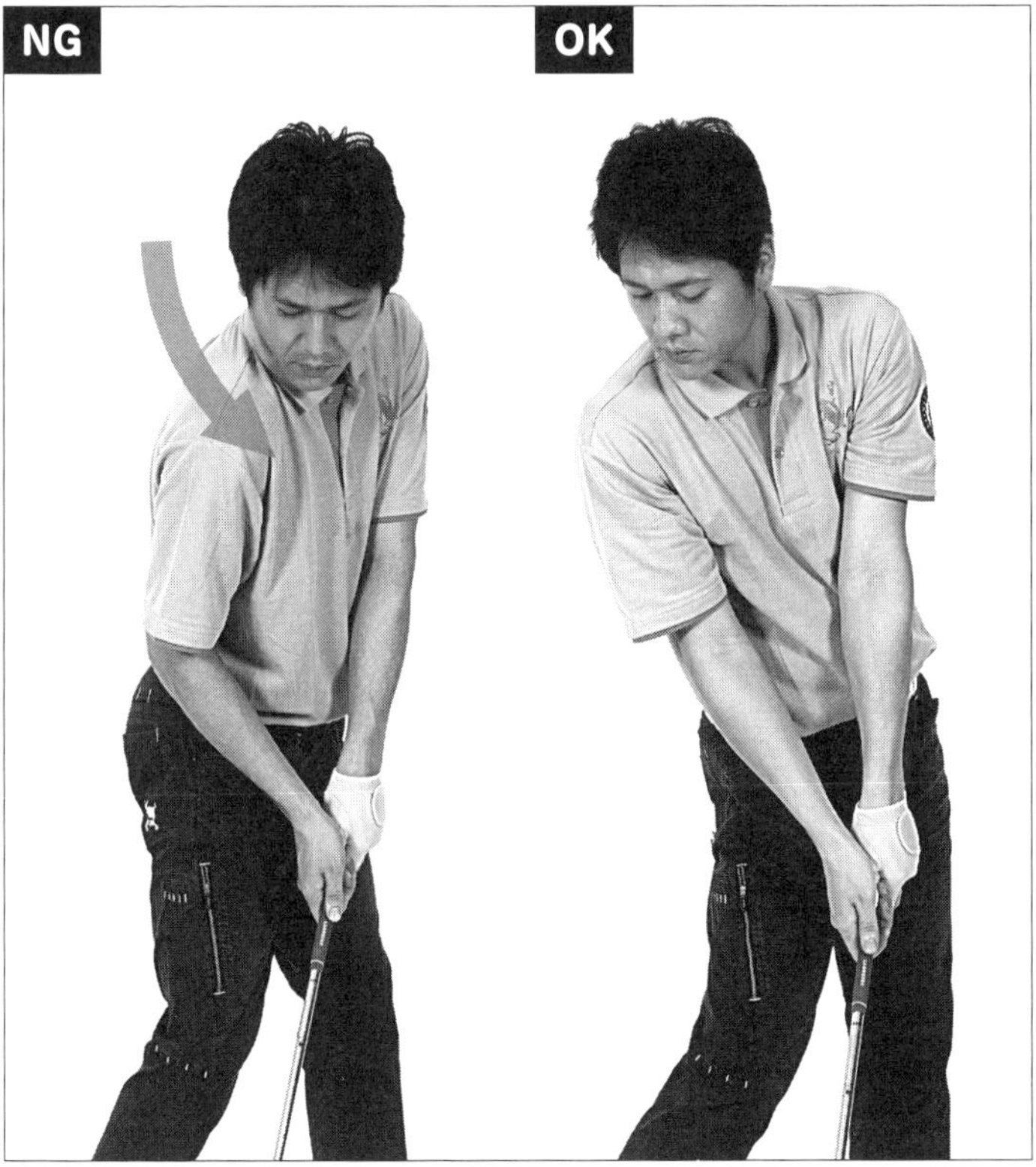

右肩が前に出るアウトサイドイン軌道のダウンスイングでは、右肩と顔の位置が近いため頭は残らない。これに対して下半身先行回転なら右肩の回転が遅れるため頭も残る。

ダウンスイングにおける力のバランス

ダウンスイングでは上半身が下半身の回転に対して遅れている間に、左腕がクラブを引き下ろすことで、クラブはインサイドからボールに向かって動くのです。

このクラブの振り下ろしでは、最初に左腕がクラブを引き下ろしますが、その間右腕はトップオブスイングの形をキープしたままになります。しかし、ダウンスイングの途中から右腕は、クラブを引き下ろす左腕によって、強制的に伸ばされます。

続いて左手首のアンコック動作が始まると、右手首はコック動作時に加えたクラブを縦に振り上げる力を緩めるために、クラブヘッドは地面に到達し、ボールをヒットします。ただし、ダウンスイング中にこれだけの動きを考えながらスイングするのは不可能です。

そこで力のバランスを随所に織り込み、これらの動きが毎回同じように行えるようにする必要があります。毎回同じように動けるスイングフォームがボールをヒットしやすければ、ナイスショットの再現性は必然的に高まります。

上半身が左肩に移動しようとしているため右肩は突っ込まず、下半身が上半身を回転させようとしている。その間に行われる左腕の引き下ろしと右腕のクラブの引きつけによりタメができる。

腕の動きに働く力のバランス１

①ダウンスイング始動を再現させる力のバランス

ダウンスイングＤでは、左腕はクラブを体から遠ざける方向に力を加え続けています。これに対して、右腕は右手人差し指を通してクラブを体に引きつける方向の力を加え続けるのです。

つまりトップオブスイングからの切り返しの時、右腕による「クラブを引きつけるような力」が維持されたままの状態で、左腕はクラブを振り下ろします。

この時トップオブスイングで体への引きつけを行う右腕によって無理やり曲げられていた左腕は、ダウンスイングの途中からクラブの重さも味方につけて一気に伸びるのです。ダウンスイング中の左右の腕に、このような力のバランスが働くことでアンコック動作のタイミングが早いダウンスイングが防げます。

アンコック動作の早いダウンスイングはスイング軌道が必要以上に大きくなり、クラブヘッドの加速が妨げられるため注意が必要です。

トップオブスイングでは左腕はクラブを体から遠ざけようとヒジを伸ばそうとしている。この時、右腕はクラブを体に引きつけようとしている。

左腕がクラブを引き下ろしている間に、右腕がクラブを引きつけることでタメの効いたインサイドからのダウンスイングが実現する。

アンコックが早いダウンスイングは右腕がクラブを引きつけず、ヘッドをボールの方向へを振り下ろそうとする。

腕の動きに働く力のバランス２

②インパクト時の腕の形を再現させる力のバランス

右腕がバックスイング時にクラブに加えた振り上げ方向の力は、ダウンスイングＤの左腕のクラブの引き下ろしで無理やり弱められます。そして、その後のダウンスイングＥで、右腕もクラブを引きつける力を弱めるためにクラブヘッドが落下し、ボールをヒットします。つまりインパクト時の右腕は、クラブを振り上げた時の力を開放してインパクトを迎えるのです。

このように見ると、バックスイングからダウンスイングにかけての腕の動きによる「力のタメ」は、クラブの振り上げを担当する右腕とクラブの振り下ろしを担当する左腕の「力を発揮するタイミングのズレ」によって成り立つことが分かります。

ここで重要な事は、右腕は力を入れるのではなく、脱力状態でインパクトを迎えるということです。この左腕の引き下ろしと右腕の脱力によるたわみという力のバランスが取れた状態で迎えるのが、正しいインパクトなのです。

ダウンスイングDの時点では、右手首はまだコック動作の力を維持している。

右手首はコック動作で加えた力を抜くために、クラブヘッドは地面に達し、ボールをヒットできる。

インパクトで右腕を伸ばしてしまうと、フェースが開きプッシュアウトが出るか、フェースが極端に返りダッグフックが出る。

腕の動きに働く力のバランス 3

③スクエアフェースインパクトを再現させる力のバランス

ある程度ゴルフの経験値が上がると、クラブフェースとスクエアというキーワードの組み合わせを聞くことも多いでしょう。ボールが接触するフェース面をターゲットに向かってまっすぐな状態でインパクトすることができれば、ボールはまっすぐ飛ぶという理屈ですが、これがなかなか難しいのです。

そこでダウンスイングからインパクトにかけてスクエアなクラブフェースを保つために必要な力のバランスですが、これはアドレスで作った「左ヒジの絞りと右ヒジの絞りの力」をスイング中も崩さないことで生み出すことができます。

インパクト時の左腕はクラブヘッドを閉じるように左ヒジを絞りますが、右腕はクラブヘッドが返らないように右ヒジを絞っています。この相反する二つの力がスイング中にバランスを取ることで、インパクト時にフェースは常に体の正面でスクエアを保つことになります。

インパクトで左ヒジの絞りが甘いとフェースが開き、ボールは右に曲がる。

インパクトで右ヒジの絞りが甘いとフェースが返り、ボールは左に曲がる。

Point!

フェースをスクエアに保つための左右のヒジの絞りは、クラブを斜めに振り下ろすダウンスイングよりも、縦方向へ振り下ろすダウンスイングのほうが簡単にできます。
ヒジの絞りはクラブを縦には動かしやすく、横には動かしにくくするからで、ここからアップライトなスイングは飛んで曲がらないと言えるのです。

上半身の左移動を再現させる力のバランス

ダウンスイングで上半身が左へ移動する間に、腰はその場回転しますが、ここで働く力のバランスについて説明します。

上半身は、バックスイング時に踏ん張っている右足の上に回転しながら移動します。この時、右脚の内側の筋肉が上半身を右に流れないようにしているため、上半身には左脚の上に押し返されるような反動が生まれます。この反動を利用して、上半身は左脚の上に移動します。ここで注意すべきなのは、上半身の左移動は積極的に行うものではなく、反動で行うものであるということです。

ダウンスイングでは上半身の移動、下半身の回転、左腕のクラブの引き下ろしの三つがほぼ同時に行われるので非常に難しいのですが、反動により上半身を左に動かすことで、上半身の移動は意識せずに再現できるようになるのです。

これにより上半身が右脚の上で回転してしまいアウトサイドインの軌道になることや、体全体が左に移動することで腰の回転が遅れ右肩下がりのインサイドアウト軌道になるといった、使う必要のない空間を通過するスイング軌道を防止することができるのです。

反動を利用しない移動は腰も左に移動しようとしてしまうため、フォロースルー方向へ体の回転が遅れてしまう。

上半身の移動のないスイングは右肩が前に出るアウトサイドイン軌道のダウンスイングになってしまう。

一定の移動を大きな力を使わないで行うためには、上半身をバックスイングの反動で移動させる。

下半身の回転を再現させる力のバランス

上半身が右脚の上から左脚の上への移動中に、下半身はその場で回転します。この時、上半身が左へ移動しようとするため、肩始動の回転にはなりません。左脚の外側の筋肉による左ヒザの目標方向への動きをキッカケとして左腰の回転で始動するのです。

左ヒザは、トップオブスイングからわずかに左に動いた時点で左脚内側の筋肉のがんばりでその動きを止められてしまいますが、その間に左脚外側とお尻の筋肉は腰を回転させていきます。

この後の回転では、左ヒザを目標方向に向けないようにする左脚内側の筋肉と、腰を回転させようとする左脚外側の筋肉の間に力のバランスが働くことで、左太ももにねじれが生じ、腰を素早く回転させることができるのです。

この回転では上半身の回転がスタートしていない状態なので、体幹部に張りが生じ、その張りが上半身を高速回転させていきます。

上半身が移動する間に下半身が回転するので、左肩が下半身より遅れた回転をする。そして上半身の遅れた回転が行われ、体幹部にねじれができる。

Point!

力のバランスで行われる下半身の先行回転を身につければ、様々なミスショットの原因となる上半身のボール側への突っ込みが防止できます。また飛距離の源となる体幹部の張りは、上半身と下半身のダウンスイング時に動きの方向が違うことで生まれます。このバランスを作りだせれば、上半身は前後左右にブレることなく、背骨を軸とした重心移動を伴う安定した回転ができるようになります。

第7章

「力のバランス」フォロースルー・フィニッシュ編

再現性の高いフィニッシュ姿勢を目指す

スイング中に左脚が目標方向に流れる、バランスが悪いフィニッシュ姿勢を見たことがありませんか？　ピシっと止まれずにいかにも不安定でかっこ悪いフィニッシュです。もちろんフィニッシュのバランスが悪くても、ナイスショットが打てることはあります。しかしスイングの最終形であるフィニッシュ姿勢が明確になっていない状態では、同じスイング動作をもう一度行うことは難しくなります。

同じスイングを繰り返すためには、再現することが難しいフィニッシュ姿勢ではなく、再現性の高いフィニッシュ姿勢を目指してスイングすることが重要です。

再現性の高いフォロースルーは何度振っても同じフィニッシュ姿勢になり、安定して同じ弾道を打てる確率が高くなります。

同じフィニッシュが取れたということは同じスイングができたということです。

それではインパクト以後のフォロースルーからフィニッシュまでの動きを安定させるための条件を見ていきましょう。

フォロースルーからフィニッシュまでの動きはインパクト以後だから球筋とは関係ないと考えているプレーヤーは多い。しかし、この部分がダウンスイングの結果であることを考えると、正しいフォロースルーを作ることが悪いダウンスイングの防止になることがわかる。

Point!

再現性の高いフォロースルーは何度振っても同じフィニッシュ姿勢にたどり着くのです。フィニッシュの異なるスイングで同じ弾道を打つことは難しく、振り方の変化はフィニッシュ姿勢に現れます。逆にフィニッシュ姿勢が同じということは、同じスイングができたという証とも言えます。

フォロースルーの体の動きの順序 1

フォロースルーの体の動かし方もダウンスイングと同様に大きく分けて二つの段階に分けられます。ここでは、フォロースルーの前半部分をF、フォロースルーの後半部分をGとして区別します。

フォロースルーF：インパクト後の4時のポジションからフォロースルーのコック動作とリフトアップ動作を行い、クラブを縦方向に振り上げます。

しかし、インパクトからフォロースルーはクラブヘッドのスピードが最も速いエリアであるため、インパクト後すぐにコック動作を始めるイメージでいいのです。そして、コック動作後、連動して行われる腕とヒジによるクラブのリフトアップ動作も、バックスイングとは異なり、体の回転が速いため一気に行われることになります。

ここで重要なのはフォロースルーもバックスイングと同様に、コック動作から開始し、その後リフトアップ動作を行うことです。この動きの結果として体が目標に対して正対になるまでに、クラブシャフトが地面と水平になる位置まで振り上げられます。

フォロースルーでは体の回転速度が速いため、クラブシャフトもその影響を受け、大きく左側に倒れる。しかし、この倒れはプレーヤーが意図的に行うものではない。

フォロースルーの体の動きの順序 2

フォロースルーG：フォロースルーFでリフトアップ動作を行った後に、ヒジのたたみ動作が入ってクラブシャフトは左肩の上にかつがれます。

この時のクラブシャフトの収まる位置をいつも同じ位置にすることができれば、同じスイングができたという証となります。

もちろん、空中の中途半端な位置でクラブが止まるフィニッシュでもナイスショットを打てることはあります。またプロゴルファーもクラブシャフトを肩にかつぐところまで振りきっていないことも多々ありますが、アマチュアと大きく違うのは、プロのフィニッシュ姿勢は体の回転もクラブの位置も毎ショット同じだということです。

ですから毎回同じスイングをするために、フィニッシュ姿勢も同じである必要があります。しかし、同じフィニッシュ姿勢と言っても目標物のない空間で毎回同じ位置にクラブを収めるのは至難の業です。そこで、なんとなくフィニッシュ姿勢を想像するのではなく、目標となる姿勢を明確にして練習しましょう。

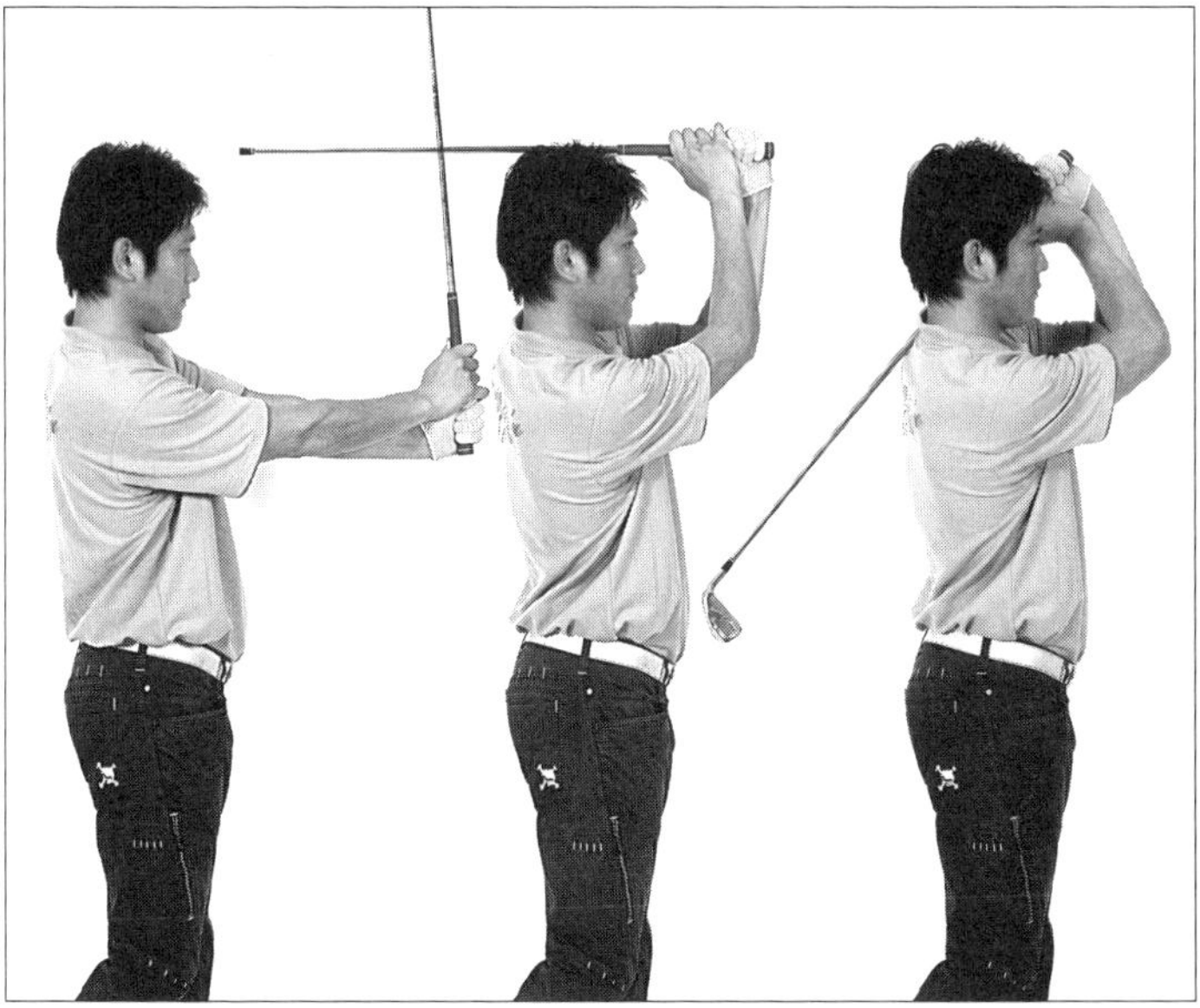

フォロースルーF、Gでクラブを縦方向に動かすことでフェースの開閉を最小限に抑えることができる。そのためボールは曲がりにくい。この腕の動きに体の回転を合成させて、目標となるフィニッシュ姿勢を作る。

フォロースルーの体の回転の順序 1

フォロースルーの体の回転では、インパクトまで先行した腰の回転を肩が追い越してフィニッシュ姿勢にはいります。

フォロースルーFで上半身は下半身の回転に引っ張られ、やや遅れてフォロースルー回転に入ってきますが、腰は目標に正対するあたりから可動域の限界に近くなるために減速を始めます。

これに対して下半身に遅れを取った上半身は、フォロースルーFで下半身に追いつき、フィニッシュ姿勢に向かいます。

ここまでに左ヒザはバックスイング時、体の回転に抵抗しながら右に引っ張られ、スタンス幅の中央まで動きます。そして、ダウンスイングでは腰より先にフォロースルー方向に動きます。

この左ヒザのフォロースルー方向の動きに合わせた腰の回転で、腰がすぐにヒザの向きを追い越して回転し、その次に肩が腰を抜いて回転するという動きの順序になります。

わずかに腰の回転が先行しているインパクトから、リフトアップ動作が完了するあたりまでに肩が腰に追いつき、胸も腰も目標に正対する。

フ フォロースルーの体の回転の順序 2

フォロースルーGでは肩が腰を抜き去るようにしてフィニッシュ姿勢に収まります。これにより、フィニッシュ姿勢では肩の回転の方が腰の回転より深くなります。そのためインパクトまで腰が肩の回転より先行するということを忘れないでください。

この回転により上半身の回転速度が上がり、ヘッドスピードを上げることができる上に、肩の遅れた回転がプルボールも防止します。

そして、最後のフィニッシュ姿勢では、腰の回転によって勢いづいた肩の回転が逆に下半身を引っ張ってしまうために、左足の親指は若干浮きます。

このような下半身主導で上半身を動かす回転では、体の回転が稼働範囲限界の80%ぐらいで止まります。この理由は上半身、特に肩が下半身の動きの勢いで回転していくため無理な回転はできなくなるからです。

そのため下半身の動きに問題がある回転速度の遅いプレーヤーは、フィニッシュで必然的に体の回転が浅くなってしまうのです。

上半身を使って無理に回転しようとするプレーヤーは、１００％の回転をしようとするが、これは可動域を超えたバランス無視の回転になるため再現性は著しく低下する。そのため、この回転でナイスショットが打てたとしても、このスイングはめったに再現できない。

フォロースルーでの頭の動き

フォロースルーにおける体の回転で注目したいのが頭の動きです。腰先行の回転では肩が引っ張られるように回転しますが、その上にある頭、特に顔の向きの動きは次のようになります。

「バックスイング時、わずかに飛球線後方を向いた顔の正面は、ダウンスイング時に腰に引っ張られて回転する肩によって動かされ、フィニッシュでは目標を向く」

ここで重要なのは顔の向きは腰や肩より先に回転しないということです。そのため顔はインパクトまではトップオブスイングとほとんど同じ方向を向き、フィニッシュ時にやっと正面を向く流れになります。

ですからインパクト後も顔を残し続けるという動作はなく、むしろバックスイングも含め、顔の向きは体の回転と同様に局面ごとに変化しているのがわかります。そのため顔の向きの回転を意図的に止めてしまうのは、腰や肩の回転を妨げてしまうことになるので注意しましょう。

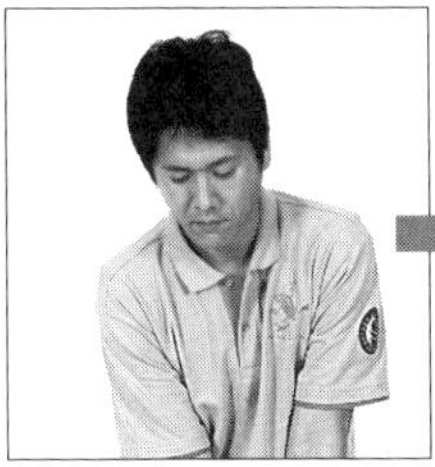
①アドレス

②トップオブスイング

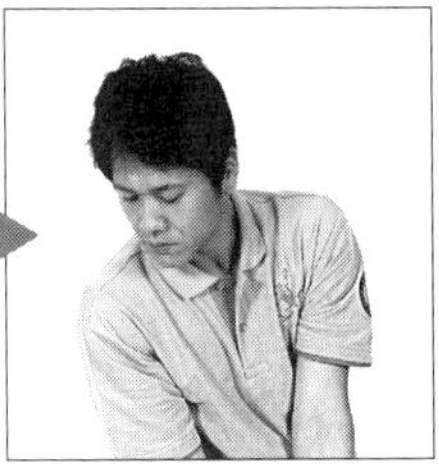
③インパクト

④フォロースルー

⑤フィニッシュ

顔は、アドレスからトップオブスイング①～②まではわずかに右を向き、フィニッシュ⑤までに目標に向く。この写真から、顔も上半身の軸（後頭部から背骨上部）で回転していることがわかる。

フォロースルーの力のバランス

ダウンスイングで脱力した右腕は、左腕の押さえる力と共同でアドレス時に作った腕とクラブシャフトの角度を再現してインパクトを迎えます。その後、フォロースルーのコック動作によりクラブシャフトは再び縦方向に振り上げられます。

フォロースルーのコック動作とリフトアップ動作でも、左腕はアドレス時に加えた押さえる力を維持しながら、右手は人差し指の引き金を引くような形を通してクラブを引きつけています。

つまりバックスイング同様に左腕の押しと右腕の引きつけによるテコの力で、インパクト以降のコック動作とリフトアップ動作が行われるのです。

このような腕の動きが行われる間に、体は左太ももの力で腰を回転させ、さらに体幹周りの筋肉をひねるようにして肩を回転させます。これによって、体は高速の回転運動を行い、クラブヘッドのスピードはアップします。

フォロースルーの腕の動きもバックスイングと同じで右腕が主導している。右腕はバックスイング、フォロースルーで2回主役になるが、左腕が主役になるのはダウンスイングの1回だけである。

フォロースルーの腕の動きに働く力のバランス 1

フォロースルーでもコック動作とリフトアップ動作の再現性を高める力のバランスが必要です。左腕はコック動作↓リフトアップ動作↓クラブシャフトを左肩の上にかつぐという動作の間、バックスイング時と同様にクラブを体から遠ざける力を加えます。

ただし、フォロースルーでは、左腕は腰の回転を味方につけてクラブをターゲット方向に振り出そうとすることがバックスイングと異なる点です。

いっぽう、右腕もバックスイング同様に人差し指を通してクラブを体に引きつけていますが、ダウンスイングからフォロースルーにかけて遅れて回転してくる右肩を味方につけてクラブを引きつける点が、バックスイング時と違う部分です。

ただしコック動作の勢いを利用してクラブシャフトを左肩の上にかつぐような動作（リフトアップ）はバックスイングと同じです。

左腕は腰の回転と一緒にクラブを目標に向かって振り出す。

右手は遅れて回転している右肩と一緒にクラブを引きつける。

右手のほうがクラブの上のほうを持っているため、コック動作の勢いで一気にクラブシャフトは左肩の上にかつがれる。

最終的にヒジが脱力し曲がることでクラブシャフトは左肩の上にかつがれる。ここで腕の一連の動きが終わる。

フォロースルーの腕の動きに働く力のバランス２

ゴルフスイングで行われる回転は「①右肩を前に出していくような上半身主体の回転が、下半身を引っ張り回転する方法」と、「②腰の回転で上半身を引っ張り回転する方法」の二種類があります。このふたつは上半身と下半身の使い方が逆になります。

①はアウトサイドインのカット軌道を生み出す原因となりますが、この回転では左右の腕の引っ張り合いによるコック動作・リフトアップ動作は行われません。

このフォロースルーの動きは、右肩が通常は使わない右肩前方の空間を通過するため、クラブヘッドも通常より外側の空間を通過します。そして、この時の右肩が前に出る度合いによってスイングの軌道が毎回変わるのです。

そこで、再現性を高めるために、左サイドと右サイドの力のバランスによって発生する正しいコック動作・リフトアップ動作を習得し、スイング軌道を一定にすることが必要となります。

右肩が先行する回転では、左腕がクラブを体に引きつけてしまうため、コック動作が思うように行えない。そのため左ヒジもインパクト直前から極端に曲がってしまう。

フォロースルーの腕の動きに働く力のバランス３

リフトアップ動作のあと、クラブシャフトを左肩の上にかついだフィニッシュを迎えるためには、左腕は目標方向にクラブを振り出し、右腕は右グリップを通した引きつけを行います。これでクラブシャフトはヨーヨーが引き戻されるように左肩の上に戻ってきます。フィニッシュ時のクラブシャフトの戻りは、左右の腕のコンビネーションによって行われるために、クラブをかつぐにはそれほど大きな力は使いません。そのため、ボールヒットも毎回同じフォロースルー動作とフィニッシュ姿勢とともに行うことができるのです。

また、フォロースルーの左右の腕の力のコンビネーションは、バックスイングでも行ったコック動作からリフトアップ動作と同じ動きを発生させますが、フォロースルーでクラブシャフトをかつぐときは、左右の腕の力に体の回転の力が加わるため、バックスイングよりもパワーアップしたものになります。

フォロースルーのコック動作、リフトアップ動作、ヒジのたたみ動作は、「左腕と下半身の回転によるクラブの遠ざけ」と「右腕と残された上半身のクラブの引きつけ」によるコンビネーションで発生する。

フォロースルーで体の回転に働く力のバランス

アマチュアゴルファーはフィニッシュ時の体の回転の深さが毎回違うことが多いのです。フィニッシュの回転の深さが毎回違っていれば、いかに再現性の高いトップオブスイングを作ったとしても同じ球を打つことは難しくなります。ではプロゴルファーのように数多くの球を打てば、フィニッシュの位置を体が覚えるのでしょうか？　実はそうではないのです。

毎回同じ回転の深さを保つには、回転する力と回転を止めようとする力のバランスを作る必要があります。この力のバランスとは、フォロースルーで「左脚外側と左側のお尻の筋肉を使って腰を回転させる力」と「左脚の内側の力を使って左足の裏が浮かないようにする力」の間に働くものです。フォロースルーに必要な力のバランスは、フォルースルFでは均等なため、左足の裏は地面をグリップしています。その後フィニッシュまでは、フォロースルー方向へ回転する体の力が若干強くなり、左足の裏はわずかに浮きます。この浮き具合が一定になれば、フィニッシュ時の体の回転の深さは一定になるのです。

スイング動作の再現性を高めるためには、一連の動きを壊してしまうほどの大きな力は必要ない。ボールを強く打ちたい気持ちを抑え、バランスのよいフィニッシュ姿勢を大切にしながらナイスショットを打つ練習することが重要となる。

前傾したフィニッシュ姿勢を再現させる力のバランス

上半身はフォロースルーでもアドレス時の前傾角度を保って回転します。この前傾角度をインパクトからフィニッシュまで一定に保つには、「右ヒザを左ヒザに寄せながら右肩を下げる回転」と「左ヒザを曲げたままで行う下半身の回転」という2つの動きに働く力のバランスが重要です。

右ヒザを左ヒザに寄せれば、右肩は下げやすくなります。これに対して左ヒザを曲げたままの腰の回転は右肩を下げさせない動きにつながります。これにより、右肩を下げようとする上半身の回転と、水平を維持しようとする下半身の回転を合成したフィニッシュ姿勢が作られ、再現性が高まります。ですから前傾姿勢の崩れた回転は、本来使わない空間を使ってしまうことで発生するNGと言えます。

また、上体の回転は背骨を軸とした回転のため、フィニッシュ時の上体はわずかに起き上がっているように見えます。これは背骨を中心として上半身を回転させたとき、背骨の周りにある体の厚みのため、上体が少し起き上がっているように見えるからです。

左ヒザの曲げと右肩の下げのバランスが取れているフォロースルーF。

右肩が下がりすぎているフォロースルーF。この回転では正しいフィニッシュ姿勢にならないだけでなくプルボールも出やすい。

右肩が下がらない回転。この回転では正しいフィニッシュ姿勢にならないだけでなくプッシュボールが出やすい。

正しいフィニッシュ姿勢では上半身の軸の周りを体の厚みが回転していることがわかる。

I型フィニッシュ姿勢を再現させる力のバランス

I型フィニッシュを作るターン動作は再現性を高めやすい安定した回転であると同時に体への負担が少ないフィニッシュ姿勢です。このI型フィニッシュの姿勢は、上半身の左移動と腰のその場回転の合成で作られます。

まず、バックスイング時に右脚の内側の筋肉が体を右方向へ動かないようにがんばっているところへ上半身が移動してくるために、上半身には左方向へ押し戻されるような反動が生まれます。

この反動を利用して上半身は一気に左脚の上に移ります。この時に左脚内側の筋肉が踏ん張り、上半身を左方向へ流さないようにがんばることで、上半身の左移動のパワーが回転のパワーへと変換されてI型フィニッシュ姿勢が作られるのです。

この回転では右脚が体を右に流さない役目をし、左脚が体を回転させます。右脚による体の回転は、スイング軌道をアウトサイドインにするため、ナイスショットが望めなくなります。

バックスイングでは右脚が上半身を受け止め、左脚の上に押し戻す。

右脚によって跳ね返された上半身は速やかに左脚の上に移動する。

上半身の左移動に合わせて下半身を回転させると、上半身は左脚の上で回転する。

左脚の上での上半身の回転は、再現性の高いI型のフィニッシュ姿勢を作る。

I型フィニッシュ姿勢に関するNGとは

Ｉ型のフィニッシュ姿勢に関するＮＧとして、背中が反ってしまうフィニッシュ姿勢と上体が突っ込んだフィニッシュ姿勢があります。

前者は、ダウンスイングで右肩が極端に下がるために上半身が左移動できずに回転するＮＧです。この回転はボールを高く上げたいという気持ちから発生します。

いっぽう、後者は上半身、特に右肩が下半身より先行してしまうために上半身の左移動が大きくなるＮＧです。この回転はボールを強く叩きたいという気持ちから発生します。

どちらも、上半身の左移動と下半身の回転のバランスがとれていないことが原因ですが、これはボールを高く打ちたい、強く打ちたいという気持ちが、スイング全体のバランスとフィニッシュ姿勢を無視してしまうからです。

正しくは、左腕によってクラブを引き下ろしている間に、移動を伴った体の回転を行うと言う順序です。これによって一連のスイング動作は、正しいフィニッシュ姿勢に収まります。

ボールを高く上げたいがためにダウンスイングからフォロースルーにかけて右肩が下がりすぎ上半身の移動が小さくなってしまう。

ボールを強く打ちたいためダウンスイングからフォロースルーにかけて右肩が前に出てしまい上半身の移動が大きくなってしまう。

ボールを上げるのはクラブのロフトとスピンであり、ボールを強く打つのは体の回転であることを理解して、上半身の左移動と下半身の回転の組み合わせでフィニッシュ姿勢を作る。

第8章 セットアップ・アライメント

スコアアップはセットアップとアライメントで決まる

ここまでスイングの再現性を高めることを主旨として進んできましたが、最後に皆さんが一生懸命練習したことが、より明確な結果として現れるセットアップとアライメントについて説明します。

再現性の高いスイングを作るため、「動きの順序」と「力のバランス」を理解して練習をすれば、スイートスポットでボールを捕らえるため闇雲にクラブを振り回すよりも、はるかに効率よくミスショットを減らすことができるでしょう。

しかし、それだけは不十分です。再現性の高いスイングを手に入れたら、次は狙った場所にボールを運ぶためのセットアップとアライメントを正しく行うことができて、はじめてスコアアップにつながるのです

この章を読み終えた後、ぜひプロゴルファーのプレーをテレビや試合会場で見てください。プロたちがスイングの仕方よりも、はるかに重要視しているのがセットアップとアライメントだと気がつくはずです。

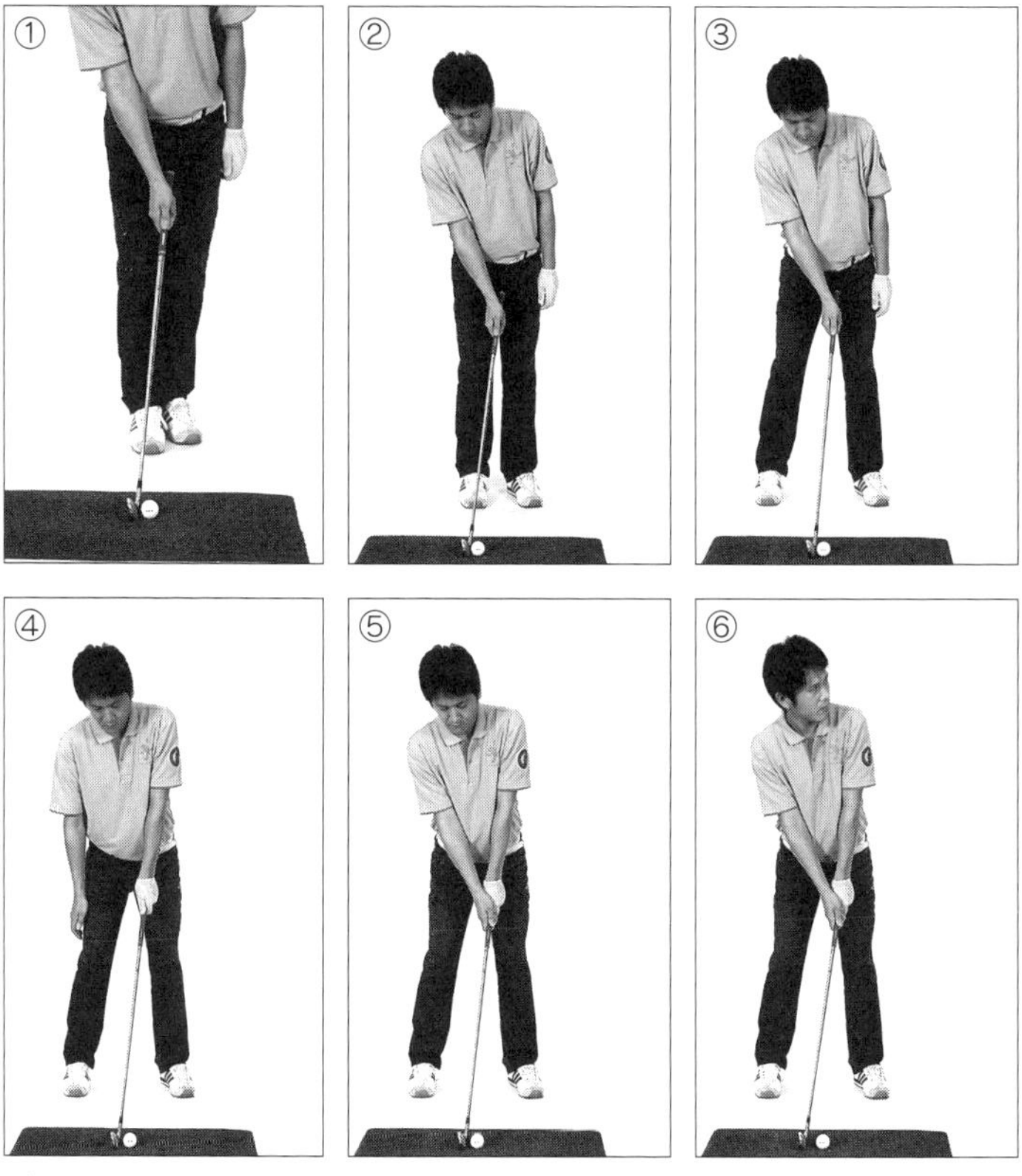

プロゴルファーのショットを見ているとスイングの仕方もさることながら、より丁寧に行っているのがセットアップとアライメント。この意味を知らないと、再現性の高いスイングが完成してもナイスショットは続かない。

ボールの位置と体の向き

ボールに対して構える位置を決めることをセットアップと呼びますが、ナイスショットを繰り返し打つにはセットアップが毎回同じであることが条件になります。

しかし、多くのアマチュアゴルファーは、なんとなくボールの前に立ち、スイングを開始します。それは、ゴルフのショットも野球のバッティングやテニスのリターンと同じように「どんな位置にあるボールでも上手く打てなければならない」という考えが頭にインプットされているからです。

しかし、そうではなくゴルフのショットは再現性の高いスイングが基本となり、その軌道上にボールをセットするだけと捉えるべきなのです。これを逆に言えば、軌道上以外の位置にあるボールは打てなくて当然であり、仮に打てたとしたらいつものスイングとは違うスイングを行ったということになるのです。

よく聞く「練習場なら何球でもミスなくナイスショットが打てるのに」というパターンは、足元のマットの位置などが目安となるため、ボールは常に同じ位置に置かれ、さらにその位置に合わせてスイングできるためです。

しかし、いざコースに出てみるとセットアップの目印になるものはありませんし、毎回打つ状況が異なるため、なんとなく立った場所が、たまたまナイスショットが打てる位置だったというケースのみ上手く打てるのです。

ですから皆さんが**再現性の高いスイングを身につけ、クラブヘッドが常に一定の軌道で振れるようになったとしても、そのスイング軌道上にボールがセットされていなければ、ナイスショットを繰り返すことはできない**のです。

さらにスイングの再現性も高まり、ボールに対して正しく構えられたら、次に必要となるのがアライメントと呼ばれる「構える時の体の向き」です。**アライメントが「狙う方向に対して正しい」ということが加わることで、目標に向かって飛ぶナイスショットが生まれます。**単純にスイートスポットでボールを捉えることをナイスショットと呼ぶのであれば体の向きは重要ではないでしょう。しかし、ゴルフのショットが狙った場所へボールを運ぶことを目的としている以上、その課題が達成できなければいかに飛距離が出ても、真っ直ぐの弾道でも、ナイスショットとは呼べないのです。

打つ前の準備にナイスショットの秘密アリ

ここではセットアップとアライメントを毎回正しく行う方法について説明していきます。セットアップとアライメントを正しく行う方法をショット前の手順に織り込んでおけば、どんな状況でも、どんなクラブを使っても、正しい位置にボールがセットでき、正しい体の向きで構えることができるようになります。これにより毎回ナイスショットが打てる確率が飛躍的にアップするのです。

そもそもアドレスとは、グリップ（クラブの握り方）、ポスチャー（構える時の姿勢）、セットアップ（ボールを置く位置）、アライメント（体の向き）の４つで構成されますが、アドレスを作る手順をいつも同じ動作にしておき、その動作の中に毎回同じセットアップとアライメントが作れるポイントを設定していきます。

このショットを打つ前の動作を、プレショットルーチンと呼びます。

アドレスの再現性を高めるには、①グリップ（クラブの握り方）、②ポスチャー（構える時の姿勢）、③セットアップ（ボールを置く位置）、④アライメント（体の向き）の4つを毎回、同じように作ることが重要。

プレショットルーチンを作る

ゴルフにおいてセットアップルーチンは非常に重要であるにも関わらず、繰り返し練習している人を見かけることはほとんどありません。たぶん、多くのアマチュアゴルファーは打つ前の準備をそれほど重要だとは考えていないからでしょう。

そのいっぽうでプロゴルファーたちは、プレショットルーチンを非常に重要視し、それぞれ独自の方法で繰り返し行います。

そこで、ここではゴルフのレベルやスイングの特徴に左右されない、基本的なプレショットルーチンをご紹介します。

基本的プレショットルーチンは7つの動作で完了します。このルーチンにはセットアップとアライメントが正しく作れる方法が含まれているので、各動作を注意して行ってください。

ただし、毎回のアドレス作りに時間が掛かりすぎるのはよくありません。慣れるまでは練習場などで練習し、最終的にはボールの後ろに立ってからショットを打ち終わるまでが

17秒～20秒で済ませられるようになりましょう。このくらいの時間であればコースに出てもスロープレーで迷惑をかけることはありません。

そのためには打球練習のように連続して打つのではなく、一球ごとにセットアップの手順を最初から行ってショットするようにしましょう。日ごろの練習でフォーム作りのための打球練習とは別に、コースに出たときにスムーズなセットアップルーチンを行うための練習をおすすめします。

このセ**ットアップつきの練習を繰り返して、いつでもスムーズに正しいアドレスが作れるようになって初めて、コースで思い通りにナイスショットを打てる可能性が高まる**のです。

いざコースに出てティーグラウンドに立っても、適当に素振りをし、なんとなくアドレスをする。そして力任せにドライバーを振り回す。これで上手く打てたとしたら、打った本人は大満足でしょうが、それはまぐれにすぎません。

ぜひ再現性の高いスイングを最大限に活かすためにも、正しいセットアップルーチンを身につけてください。

プレショットルーチン　7つの手順 1

「フェースセットから右足ポジションの決定まで」

①フェースセットを行う

右手でクラブを持ち、クラブフェースのリーディングエッジが飛球線に対し、直角になるようにセットする。

②アドレスキーポジション姿勢を作る

リーディングエッジの延長線上に右足の内側をセットする。正しいアドレスを作るための鍵となる姿勢なのでキーポジションと呼びます。

③左足ポジションを決定する

アドレスキーポジション姿勢で決めた右足と平行の位置に左足の位置を決める。

④右足ポジションを決定する

左足と平行な位置に右足の位置を決めることによって足と腰のラインが飛球線と平行となる。

リーディングエッジをボールと目標を結ぶ線と直角にする。

このとき左右の脚を揃えず、右足を前に出しておくことが重要。

左足の開き幅はスタンス幅の半分で、このタイミングで左ツマ先の向きもセットする。

右足もスタンス幅の半分だけ開き、同時に右ツマ先の向きも決める。

プレショットルーチン　7つの手順 2

「左グリップ決定から目標チェックまで」

⑤左グリップを決める

右手でクラブを支えながら、左グリップを作り、左腕がクラブシャフトに対して上から押さえる力を加える。次に左ヒジを下に向けように力を加え、左ヒジを絞る。左腕の形は左グリップを先に作ってから決める。

⑥右グリップを決める

左グリップが決まったら、いったん右手を離して右ヒジを下に向け、右グリップを決める。右グリップはクラブを下から支える形になるため右ヒジも絞る。

右グリップは、左腕とは逆で、右腕の形を決めてから右グリップの形を作る。そしてグリップの位置が左脚の付け根の前に位置するようにセット。

⑦目標をチェックする

ショットを打つ前にもう一度目標を見て肩の向きを確認。

スタンスが決まったら右手でクラブを支えながら、左グリップを作る。この時、フェースの向きが変わらないように注意する。

左グリップを決めるとき、左腕を左胸の上に乗せ、軽く左ヒジを絞る。

右グリップは右ヒジを絞ってからグリップを作ることが重要。

肩越しに目標を見るが、この時、左右の腰骨を結ぶラインも飛球線と平行にセットする。

セットアップの再現性を高める

プレショットルーチン中で正しいセットアップを繰り返すために、重要な動作は以下の4項目です。

①フェースセットを行う
②アドレスキーポジション姿勢を作る
③左足ポジション姿勢を決定する
④右足ポジション姿勢を決定する

以下では、なぜこの4つの動作を注意して行うことが、正しいセットアップにつながるのかを説明していきます。

はじめのうちは自分で打ちやすい位置にボールを動かしたくなりますが、正しい位置に慣れるまで動かさすに練習してください。正しい位置のボールがナイスショットできれば、あとは正しい手順でボールをセットすることでナイスショットの確率は高まります。

再現性の高いセットアップにより設定された位置のボールを、再現性の高いスイングで打てば、ナイスショットの確率は必然的に上がる。自分の打ちやすい位置という曖昧な基準でボールを置くと、状況ごとに位置が変わってしまう。

①フェースセットを行う

フェースセットは構えたときにボールがクラブのスイートスポットの位置にあるかどうかがポイントです。

ただし、地面にあるボールを打つアイアン、ユティリティー、フェアウェイウッドはボールと体の距離が遠くなるとトップショットが発生しやすくなるので、ボールをスイートスポットもしくはヒール寄りにセットしたほうがよいでしょう。ただしトゥ寄りのボールセットだけは避けてください。

ティーアップしたボールを打つドライバーの場合は、若干クラブと体を離してセットしたいのでヒール寄りは避け、スイートスポットもしくはトウ寄りにセットしましょう。

原理としてはアイアンと同じ構えでドライバーのヘッドを1個分手前にずらして置いて構えるセットアップでもボールは打てますが、アライメントに問題が出る可能性があるため、ずらすとしてもフェースの幅の中で行ってください。

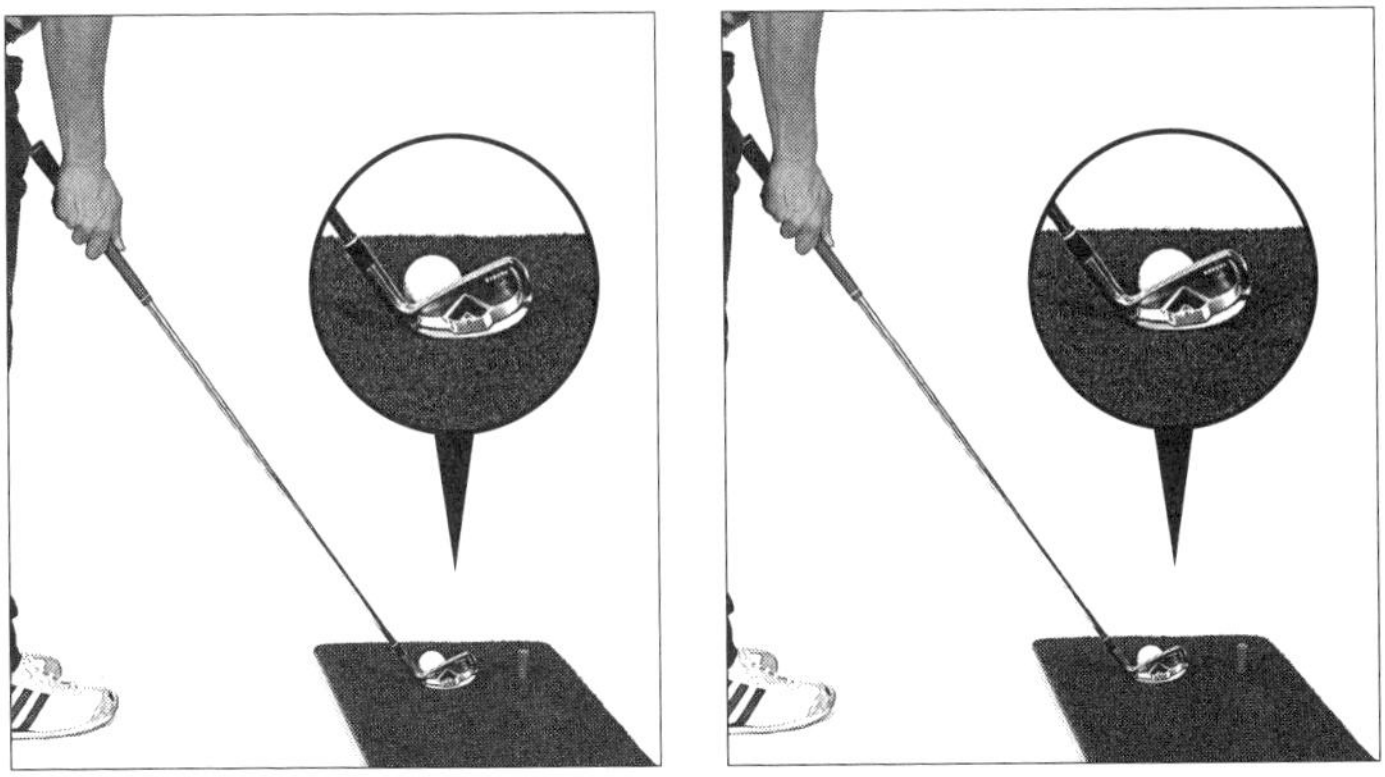

地面にあるボールを打つ場合、腕が体の近くを通ることが条件となるため、遠い位置にボールをセットすることは避けたほうが良い。そこでボールをヘッドの中心、もしくはネック寄りにセットしてセットアップルーティンを始める。

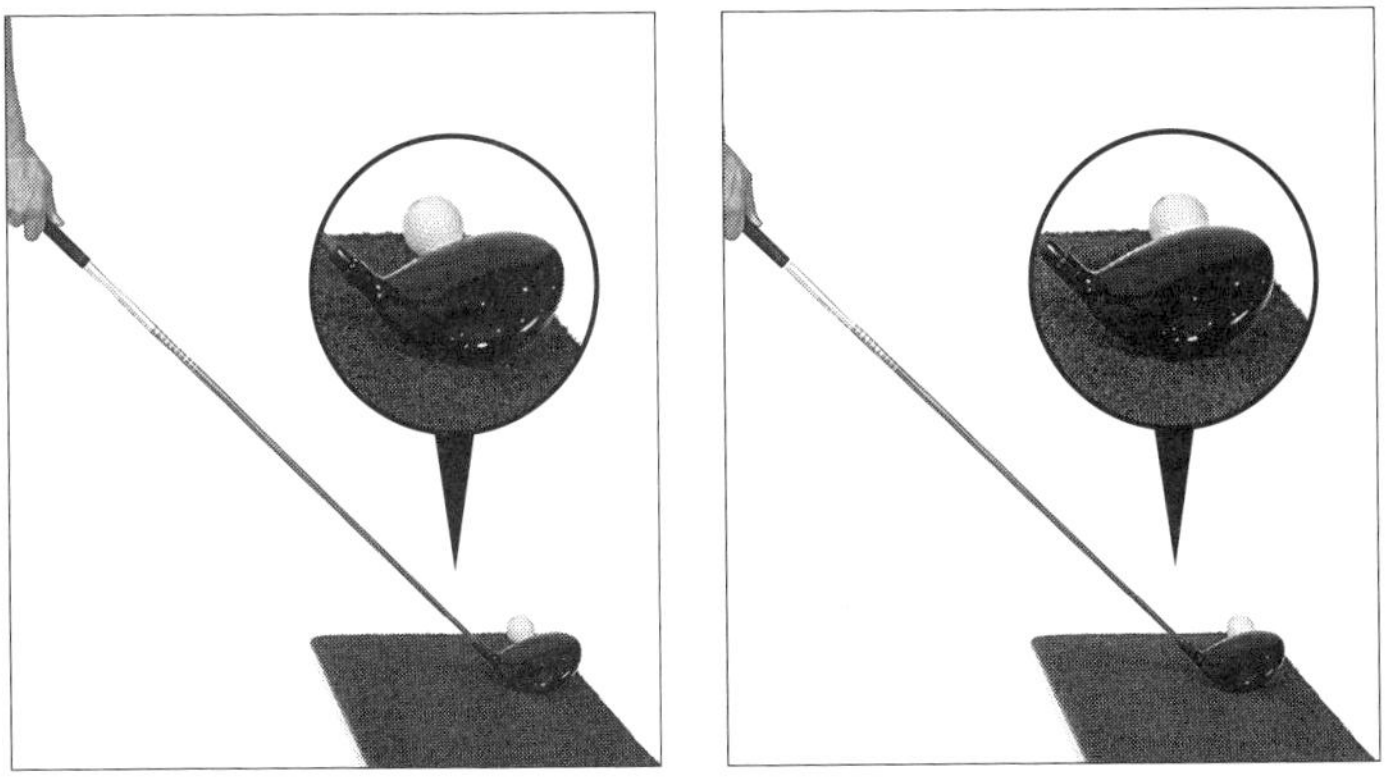

高くティーアップされたボールを打つドライバーショットは、腕が体から少し離れた位置でインパクトするため、ボールの位置も体から少し離れた場所にセットしたい。

②アドレスキーポジション姿勢を作る１

アドレスキーポジション姿勢から左右の足は平行に開かれるため、この姿勢でボールと右足ツマ先の距離を毎回同じにすることが重要です。

スイングの再現性が高まると、インパクトでクラブヘッドが通過するポイントは、アドレス時の両方のツマ先を結ぶラインから常に一定の距離になります。この距離は、アドレス時にどのような構えをしていても、同じ位置になります。例えば、クラブヘッドを通常よりはるか遠い位置においても、トップオブスイングを作り、そこから一気に振り下ろすと一定の位置を通過するのです。そこで、クラブの通過する位置にボールを設定するために、ボールと体の距離とは、ツマ先ラインとボールの距離と考えるのです。

クラブの通過点がよくわからない場合は、ツマ先とボールの距離を7番アイアンであれば、男性なら50センチ前後、女性なら55センチ前後と考えて練習し、微調整を加えながらプレーヤー各自のツマ先ラインとボールの距離を探すといいでしょう。

ツマ先とボール距離は2番手でボール1個分（約4センチ）遠くなる。クラブにはライ角があるため、アドレスキーポジション姿勢のグリップエンドはすべて同じ位置になる。

②アドレスキーポジション姿勢を作る２

正しいツマ先ラインとボールの距離がつかめたら、毎回同じ距離にスタンスが取れるように、その目安をアドレスキーポジションに織り込みます。アドレス時に正しい位置にツマ先をセットするために、アドレスキーポジション姿勢で構えた時のグリップエンドの位置が上から見た時にどの位置にあるのか？　右太ももに対してどのくらいの距離にあるのか？　などプレーヤー各自の目安を作るというわけです。

この目安は、クラブ1本ずつ距離をチェックする必要はありません。ゴルフクラブにはライ角があるためすべてのクラブが手の位置を同じにして構えられるように作られています。

ですから、７番アイアンでグリップエンドと体の距離を覚えれば、ドライバー以外のすべてのクラブのボールとツマ先ラインとの距離を把握できるのです。

例えば7アイアンを使い、体とボールの距離を設定したら、あとはグリップエンドと体の距離を同じにセットすればクラブが長くなった分だけ、ボールの位置は遠くなると考えれば良いのです。

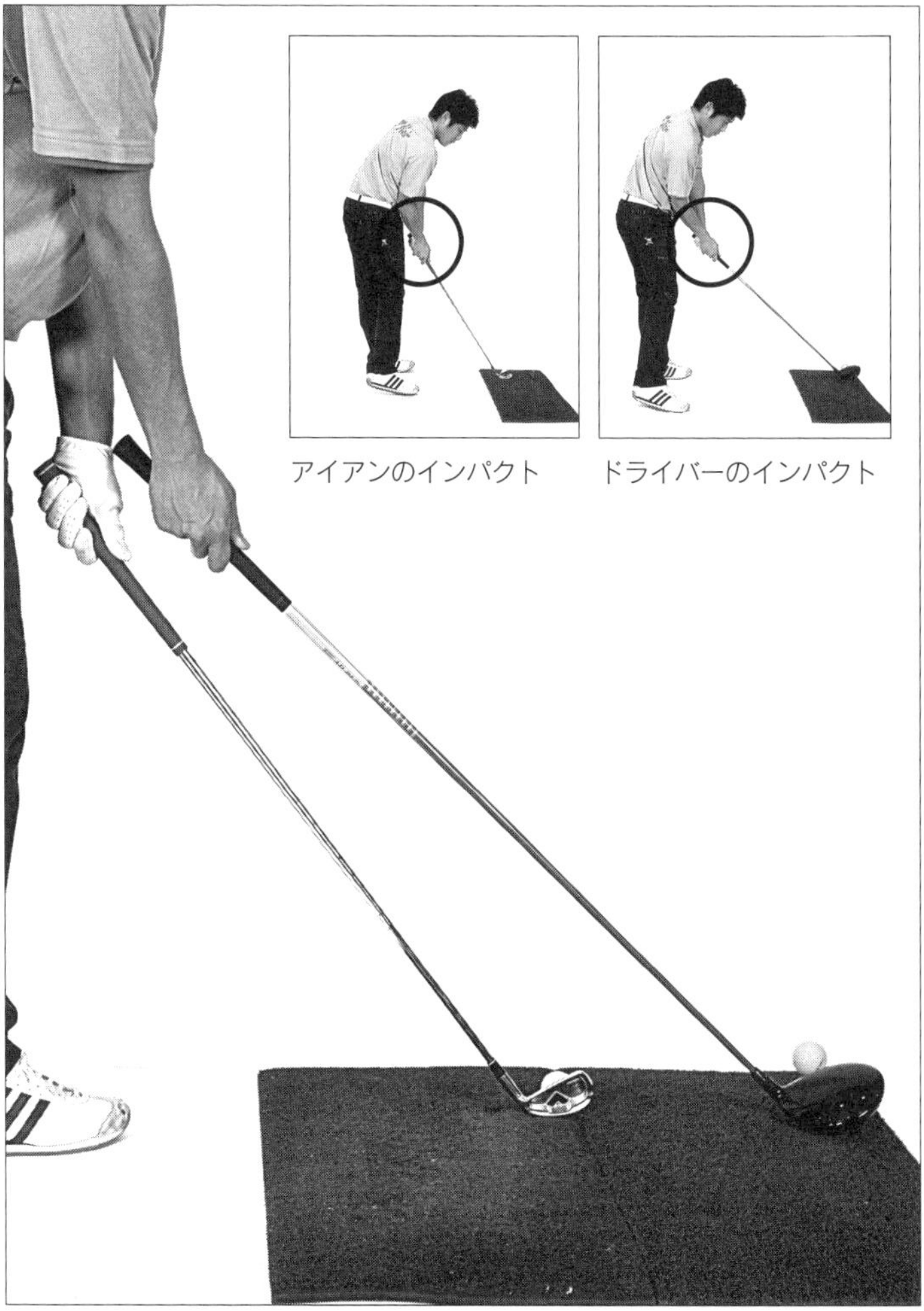

アイアンのインパクト　ドライバーのインパクト

高くティーアップされたボールを打つドライバーショットの場合、他のクラブより拳１個分グリップが体から離れるようにセットする。他のクラブと同じ手元の位置で構えてしまうとティーを打ってしまい、テンプラショットとなってしまう。

③左足ポジションを決定する

続いて、左足のポジションを決定しますが、この位置取りによってボールの左右の位置が管理されます。

アドレス時の足の幅が常に一定という前提であれば、アドレスキーポジション姿勢後に左足のポジションを右足から離れた場所に設定すると、ボールは必然的に右足寄りの位置になります。逆に、左足を右足に近い場所に設置すると、その後に右足のポジションを一定のスタンス幅という条件で決めると、ボールは左足寄りの位置となります。

このようにして、ボールの左右の位置を常に一定にするため、アドレスキーポジション姿勢から左足を開く際の距離をプレーヤー各自が確認しておくことが重要です。ただし、ドライバーでは、左カカトの延長線上にボールをセットしたいので、左カカトが右足カカトにつくように左足ポジションを決めます。そして、その後で右足だけを開いて両足の位置を決めます。こうすることで、ボールは常に左カカトの延長線上にセットされるのです。

アイアン、ユーティリティー、フェアウェイウッドの場合、左足をスタンス幅の半分の位置にセットしてから右足を開く。この動作でボールの右端（リーディングエッジ）がスタンスの真ん中にくる。

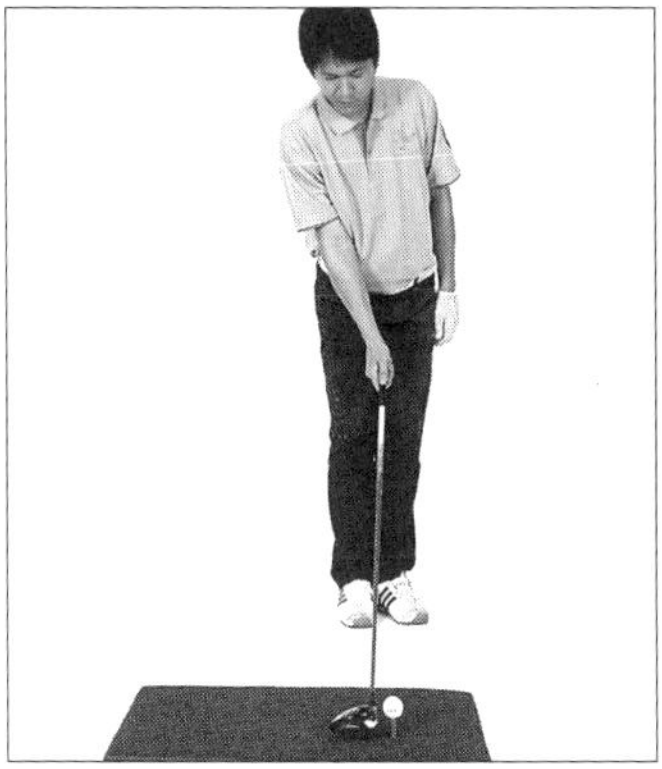

ドライバーの場合、左足はまったく開かずにツマ先の向きだけを決め、左カカトを右足カカトにつける。ここから右足をスタンス幅だけ開くと、ボールは左足カカトの延長線上にセットできる。

④右足ポジションを決定する

右足のポジションの決定では、普段のスタンス幅が再現できるような位置に右足を置くことが重要です。そのため、アドレスを作ったときに自分のスタンス幅を毎回確認しながら覚える必要があります。

いくら左足ポジションが正確にできても右足の位置が毎回変わってしまうと、ボールの位置が右足寄りになったり、左足寄りになってしまうからです。

スタンス幅については、ほぼ肩幅と言われていますが、それだけではよく分からないという人も多いと思います。要するにスタンスが広すぎるとバランスはいいが回転しにくく、疲れてきたときに回転不足になり、狭すぎると回転はしやすいがバランスが悪くなり、斜面やクロスバンカーからのショットには不都合です。

そこでその中間程度を目安とした場合、「おおよそ肩幅」と言うことになるのです。

スタンス幅の目安は肩幅のほかに、フィニッシュ時に両方のヒザが目標方向に対して横に並ぶという基準もある。

狭すぎるスタンス幅ではフィニッシュ時の右ヒザは左ヒザより前に出てしまう。逆に広すぎるスタンス幅は右ヒサが左ヒザの位置まで届かない。

アライメントの再現性を高める

ここではアドレス時に毎回正しい体の向きで構えるための4つのポイントを紹介します。

①フェースセットを行う
②アドレスキーポジション姿勢を作る
③左足ポジション姿勢の決定する
④左肩ポジションによるアライメントチェック

練習場ではマットのラインなど目安になるものが多く、飛球線に対して平行に近い状態で構えられますが、コースでは目印がありません。仮に目標の左を向いた場合、いつものスイングを行えばボールは左に飛んでいきます。また構えたときの違和感から目標方向にボールを置きにいくようにクラブを振ってしまうとプッシュボールが出てしまいます。

これではいくら再現性の高いスイングが身についても、狙った場所に飛んでいくナイスショットは打てません。

足元の向きと肩の向きが違うという場合も多々あるので、セットアップルーチンを通して、スタンスの向き、腰の向き、肩の向きを正しくセットできるように練習することが必要。

①フェースセットを行う

アドレスでフェースの向きを飛球線に対して直角にするというのは聞いたことがあるでしょう。ところが正しい向きのフェースセットを実践しているゴルファーは意外と少なく、それ以上に正しくフェースをセットするための練習をしているプレーヤーはまずいません。試しにリーディングエッジを練習場のマットの角に当ててみてください。自分が思っているほどターゲットに向かってフェースがまっすぐセットできていないことが分かるでしょう。

フェースの向きの狂いは体の全体の向きを狂わせてしまうくらい重要な要素です。構えたフェースが右を向けば体も右を向きやすくなり、その逆ならば左を向きやすくなってしまうのです。

そこで、ボールの向こう側にペンのようなものを置いて練習するのが効果的です。置いたペンの延長線上にリーディングエッジをセットしてみると、意外とフェースが開いているように見えるものです。ぜひ、プレショットルーチンの一番目としてフェースを目標に直角にセットする練習をしてください。

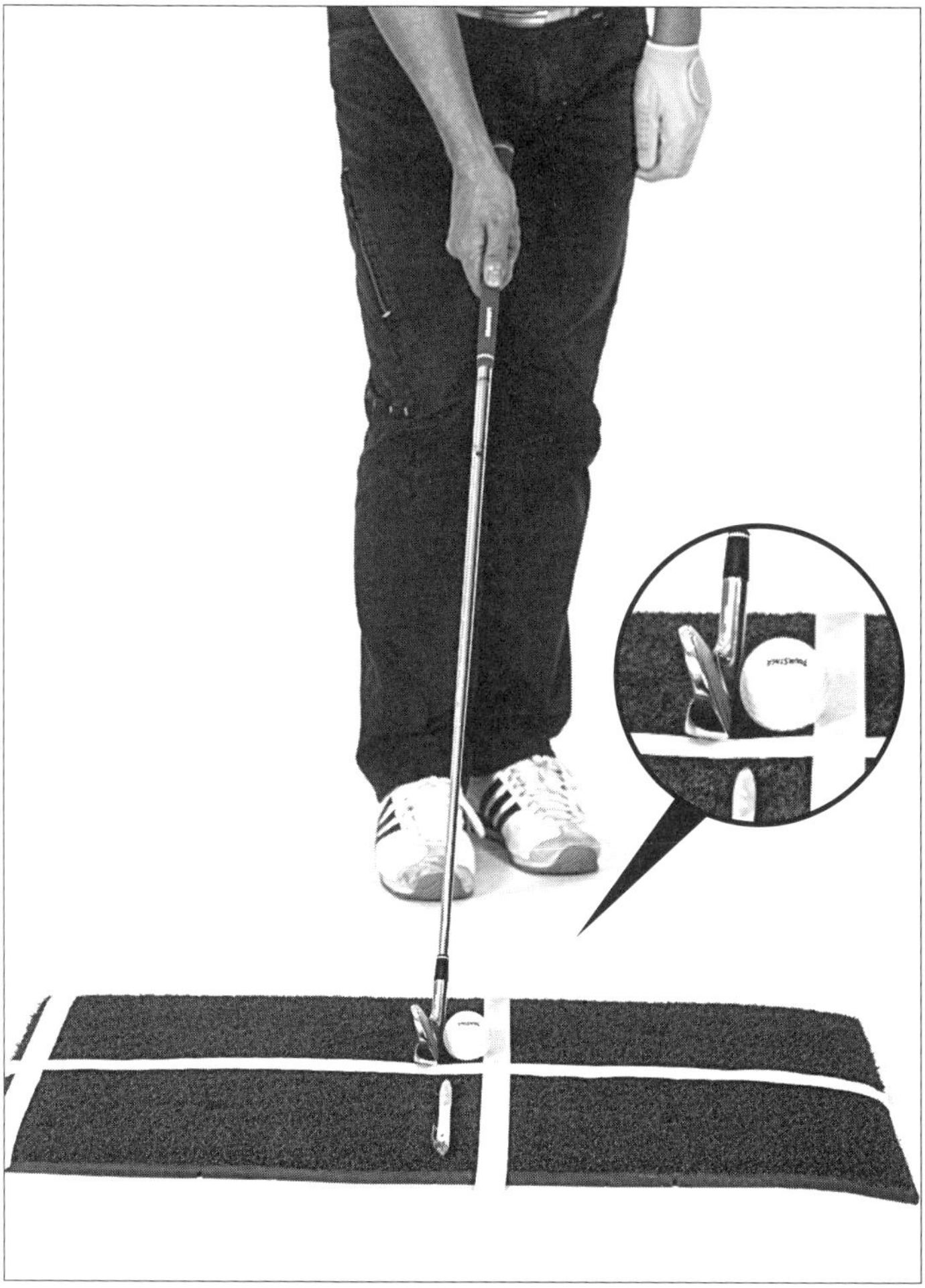

フェースセットの時にクラブヘッドの上部（トップライン）を飛球線に対して直角に合わせてしまうと、リーディングエッジは左を向いてしまう。そこでボールの約30センチ程度のところにスパットを見つけ、リーディングエッジが飛球線に対して直角にセットできるように練習する。

②アドレスキーポジション姿勢を作る

ここでは、目標に直角にセットされたリーディンエッジの延長線上に右足の内側をセットします。これによって「クラブのリーディングエッジと右足内側を結ぶ線」と「ボールとターゲットを結ぶ線」が直角になります。この時の右足の位置をベースに体の向きを決めていくので、フェースの向きが狂うと体の向きも狂ってしまうことになります。

そこで、この姿勢で目標を一度見て2つのラインが直角に交わっているかをチェックすれば、アライメントが正しいかどうかを判断できます。

この時点でアライメントの修正が必要だと分かった場合は、ボールを中心に円を描くようにしてアライメントを修正することが重要です。そのときのポイントは、ボールを中心に右足の位置を変えていくことです。このとき、その場で体の向きを変えると、体に対するボールの位置が変わってしまうので注意しましょう。

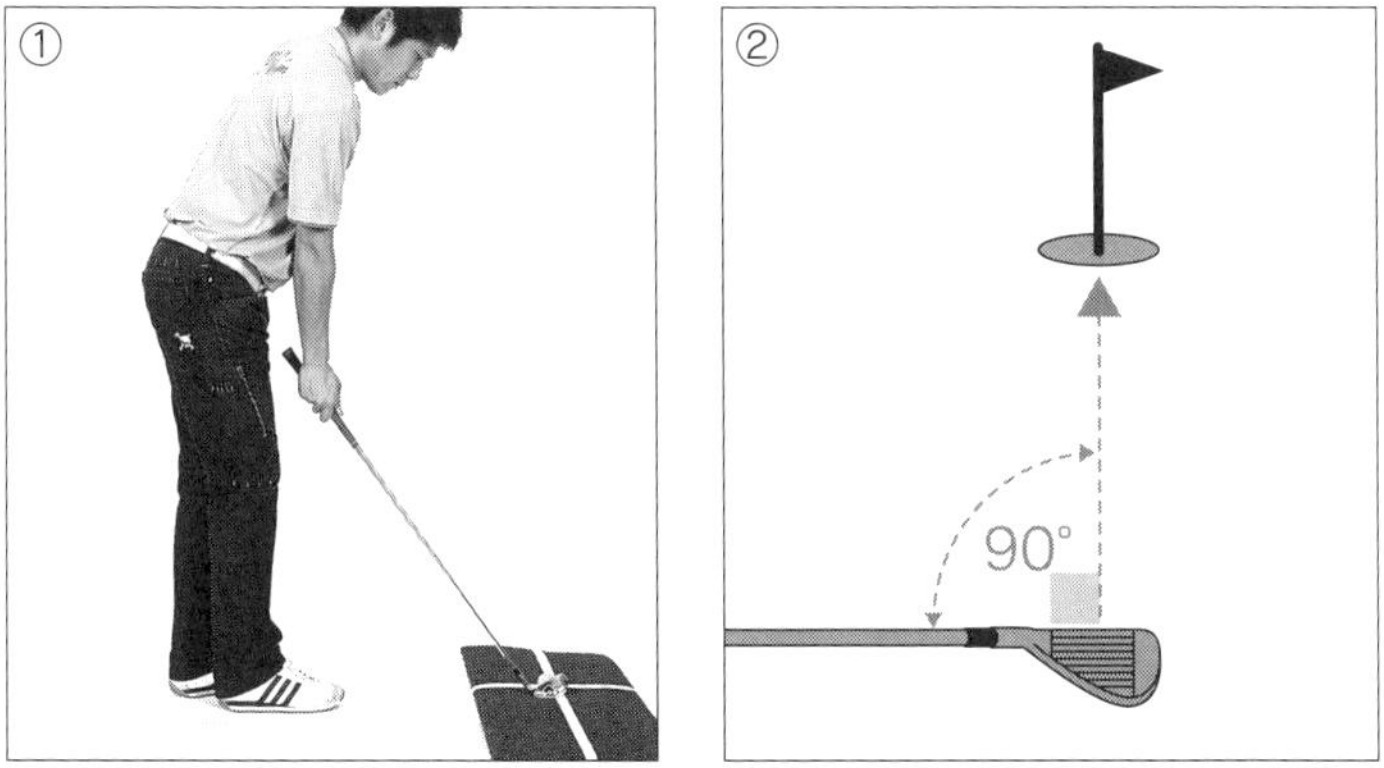

「目標とボールを結ぶ線」と、「リーディングエッジから右足内側に引く線」が直角になるように、アドレスキーポジション姿勢を作る。

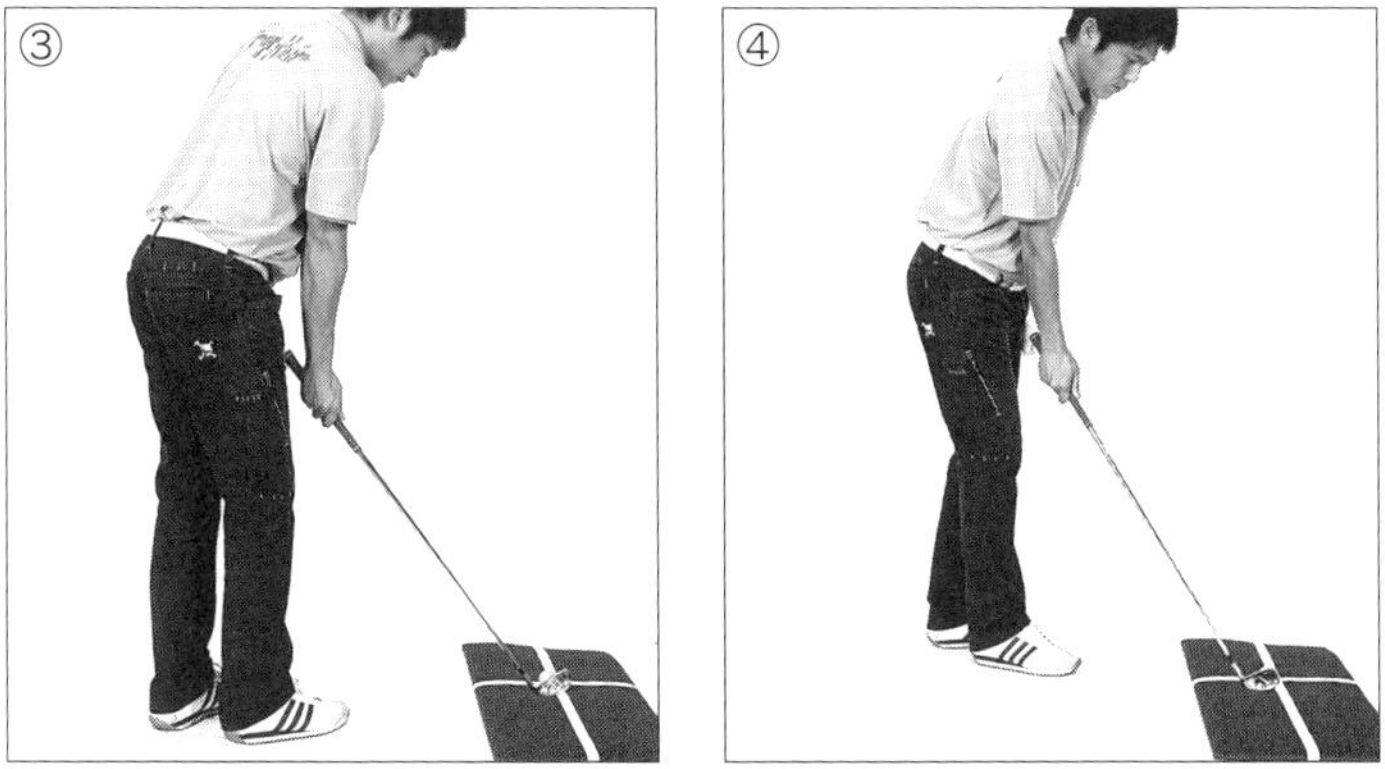

アドレスキーポジションの姿勢で左や右を向いていることがわかった場合、ボールを中心とした円の上で、右足の位置を変えて修正する。

③左足ポジションを決定する

左足ポジションの決定はアドレスキーポジション姿勢時に決定した右足に対して、いかに平行に左足をセットできるかが重要です。左足ポジションを右足に対して平行にセットできれば、肩と腰の向きも正しセットしやすいのです。

左足を開く場合は、まず左足のツマ先を右足と同じ状態にして開かずに広げ、左足を地面に着ける前に、ツマ先を開いてカカトのラインが右足と平行になるように左足のポジションを決めましょう。フォロースルーの体の回転は左足のややカカト寄りで回転するため、できればカカトを結ぶラインを飛球線と平行にセットしたいのです。もし、平行かどうかが判断できない場合は、両ツマ先を結んだラインにクラブシャフトを置いて平行かどうかを確認するとよいでしょう。その後、右足を左足と平行な位置にセットします。

この時もツマ先を飛球線に対して直角な状態を維持してその位置から平行に右に移し、着地の時にプレーヤー各自のツマ先の向きにして右足のポジションを決めましょう。

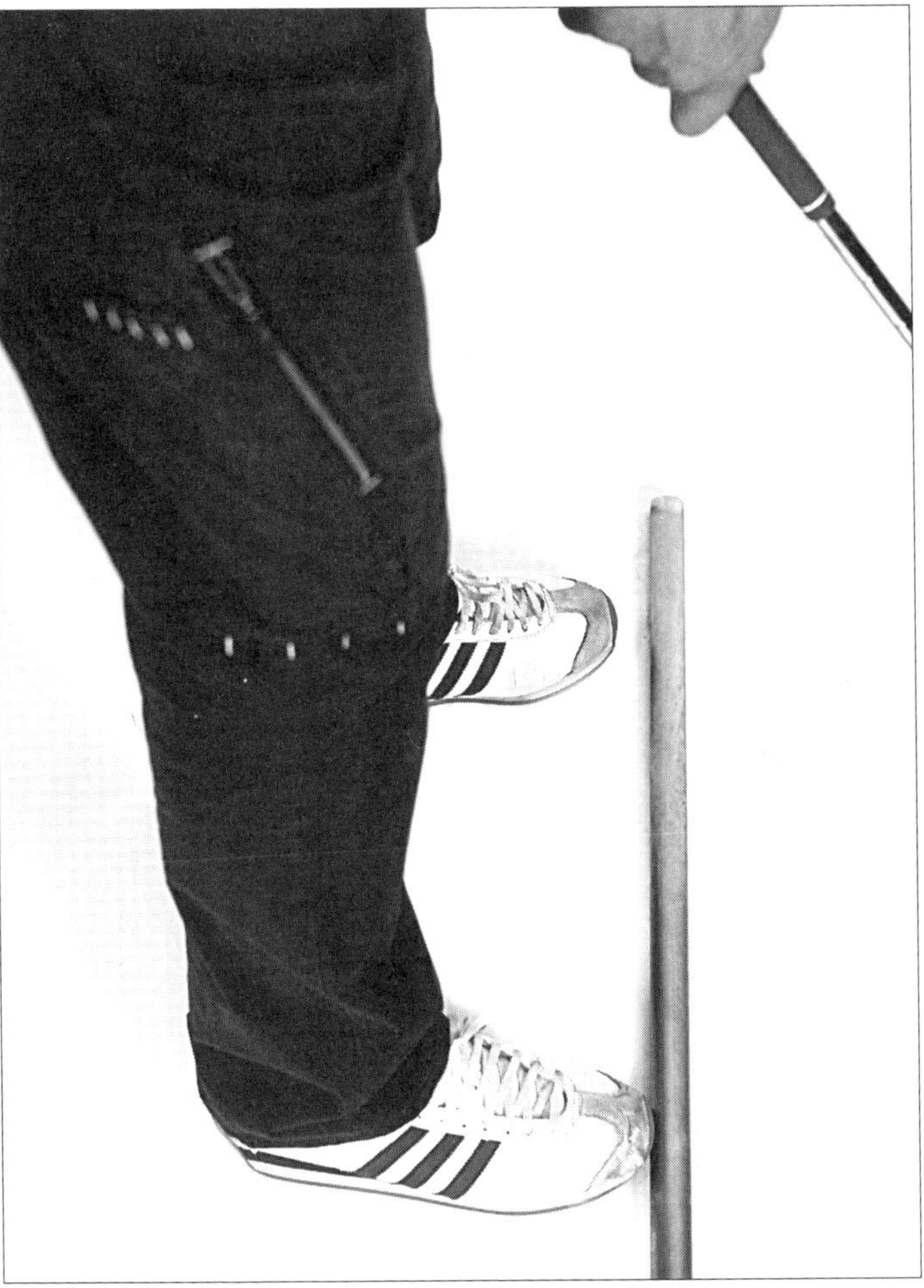

アドレス時のプレーヤーの左足ツマ先は体に対して直角ではなく、わずかに目標方向を向いている。そのため両足のカカトラインを飛球線と平行にするとツマ先の位置が若干ずれる。ツマ先前に置いたシャフトに対して開いたツマ先の方が少し離れていれば、両カカトのラインは飛球線と並行だと考えてよい。

④左肩ポジションでアライメントをチェックする

セットアップルーチンでは左右の足のポジションを決定した後、最後に左肩の向きをチェックします。

すべてのルーチンが終了しても、上半身の肩の向きだけが飛球線と平行になっていないというケースは多いのです。左肩のポジションは、ルーチン終了後に目標を見た時、自分の視界にどれくらい左肩が入っているを目安に、正しい左肩の向きをチェックしてください。

肩が左を向いている場合は、目標を見る視界の中に左肩はあまり入ってきません。逆に目標右を向いていると左肩はかなり視界に入ってきます。

正しい肩の向きを覚えるには、アドレス時の両肩にクラブシャフトをあてて確認するのが有効な方法です。両肩にあてたシャフトがターゲットラインと平行になるようにセットし、その時の両肩の向きを覚えましょう。視界の中に左肩がどれくらい入るかを覚え、自分の肩のラインがどこを向いているかがわかるようにしてください。

両肩のラインが飛球線に対して平行なっている場合、目標を見たときに左肩が程よく見える。

両肩のラインが飛球線に対してクローズになっている場合は、目標を見たとき左肩がかなり視界に入る。

両肩のラインが飛球線に対してオープンになっている場合、目標を見たときに左肩は視界に入らない。

あとがき

本書を読んでいただいたあなたは、きっとゴルフが大好きな方だと思います。そして、練習熱心であることも間違いないでしょう。忙しい合間を縫って練習場に行くのも苦にならないどころか楽しみなはずです。

そんなあなたにひとつ質問です。練習場ではどんなことを考えてクラブを振っていますか？

「そんなのナイスショットが打てるスイングを体に覚えこませることに決まっている」

もしこんなふうに答えたとしたら、それは大きな勘違いをしています。

例えば、フィニッシュでバランスを崩しながら打ったナイスショットは、いくら練習しても繰り返し打つことは難しいのです。その理由は、毎回同じようにバランスを崩さないと同じスイングができないからです。

安定したゴルフスイングを習得するには、安定したスイング動作を行うための大まかなガイドラインが必要です。そして、今回本書で書いたスイング矯正のガイドラインとなったのが「コンバインドプレーンイメージ」です。

コンバインドプレーンイメージとは、プレーヤーの体の左右にある縦のスイングプレーンと、インパクトエリアにある斜めのスイングプレーンを合成させたものです。

このイメージは実際のゴルフスイングの中のプレーヤーの意図的な動きを明らかにしたもので、**「コンバインドプレーンイメージに沿ってクラブを振ると、どのプレーヤーのスイングでもそこにクラブヘッドの重さや慣性、重力、遠心力などが加わり、その人自身の実際のスイング軌道ができる**というものです。

またコンバインドプレーンイメージのもっとも特徴的な部分は「腕の縦の動き」と「体の横の回転」とが具体的にイメージできることにあります。

コンバインドプレーンイメージをベースに作るスイングは、繰り返し行うための注意点が分かりづらいスイングではなく、あとからどの様に動いたのかがはっきりと認識できるスイングです。

そのため練習過程で上手くいかなくても、迷ったり悩んだりした部分まで戻って、そこから動きの再確認をすることができるのです。これは小さなスイングから段階的に学習していくスタイルのコンバインドプレーン最大の特徴と言えます。

本書では「ナイスショットの確率を高める＝ミスショットを減らすこと」と言う、当たり前でありながら、今まで誰も提唱してこなかった内容を、ミスショットを減らすために必要な動きを作り出す方法とともに解説しています。

そしてその基礎となるガイドラインとして存在するのが、スイングの再現性を高めるために非常に有効なスイングイメージ「コンバインドプレーン」です。

本書の中ではコンバインドプレーン理論を詳しく説明している部分はありません。もしも本書の内容を理解し興味を持たれたのであれば、ぜひコンバインドプレーン理論を勉強してみてください。

ゴルフスイングを今までとは違った角度から見ることができるはずです。そして、それはあなたのスイングや練習方法に対する考え方に一石を投じることになるでしょう。

２０１５年５月

安藤秀

コンバインドプレーンイメージ

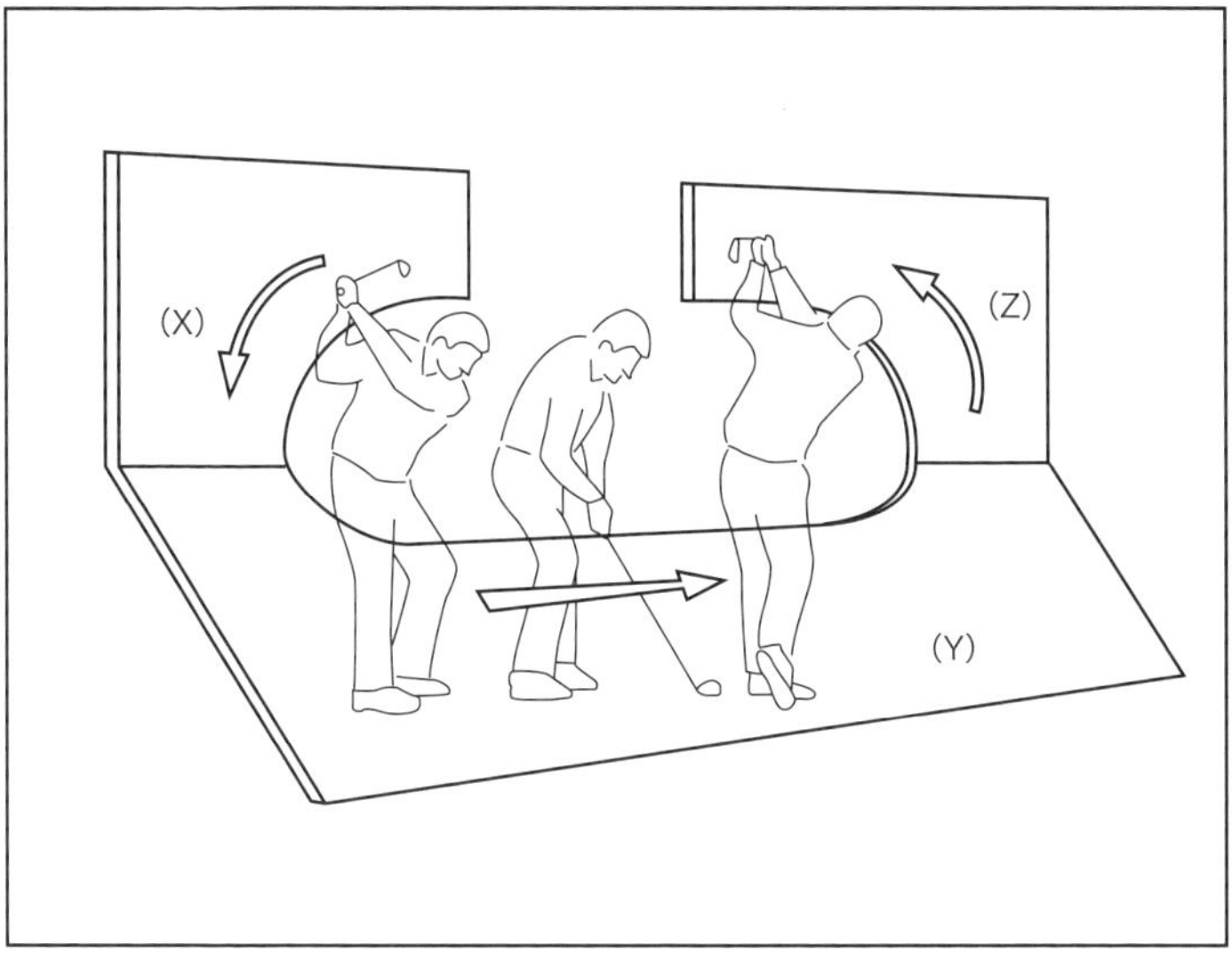

コンバインドプレーンイメージは、バックスイングおよびダウンスイング時の縦プレーン（X）とインパクトエリアのスイングプレーン（Y）、フォロースルーのスイングプレーン（Z）が組み合わされたスイングイメージである。

会心《かいしん》のショットが百発百中《ひゃっぱつひゃくちゅう》になる完全《かんぜん》なゴルフスイング

2015年6月16日　初版第1刷
2016年7月 6 日　　第4刷

著　者――――――――安藤《あんどう》　秀《しゅう》
発行者――――――――坂本桂一
発行所――――――――現代書林
〒162-0053　東京都新宿区原町3-61 桂ビル
TEL／代表　03(3205)8384
振替00140-7-42905
http://www.gendaishorin.co.jp/
カバーデザイン――――吉﨑広明（ベルソグラフィック）
本文デザイン・組版――大西タクヤ
本文イラスト―――――株式会社ウエイド
編集協力―――――――株式会社エクスレーヴ　阿部至晃
撮影協力―――――――村石龍亮（USGTF公認ティーチングプロ）

印刷・製本：(株)シナノパブリッシングプレス
乱丁・落丁本はお取り替えいたします。
定価はカバーに
表示してあります。

ISBN978-4-7745-1522-9 C0075